février 1897
note
livres

AF461197

VENTE DES 1, 2, 3, 4 FÉVRIER 1897

Hôtel Drouot, Salle N° 10

ESTAMPES

ANCIENNES

des Ecoles Anglaise et Française

Imprimées en noir et en couleur

COSTUMES, SPORT

LIVRES ILLUSTRÉS

DESSINS, TABLEAUX

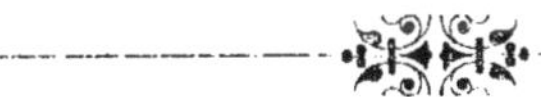

Me **Maurice DELESTRE,** Commissaire-Priseur, 5, Rue Saint-Georges

assisté de

M. **Louis BIHN,** Marchand d'Estampes, en face la Bibliothèque Nationale
69, Rue Richelieu et 1, Rue Rameau

et de M. **Aug. GEOFFROY**.

Exposition publique : le dimanche 31 janvier 1897, de deux heures à cinq heures et demie.

CATALOGUE
D'ESTAMPES ANCIENNES

DES ÉCOLES FRANÇAISE ET ANGLAISE

Imprimées en noir et en couleur

COSTUMES CIVILS & MILITAIRES

CARICATURES

SPORT, VÉLOCIPÈDES, VOITURES A VAPEUR, ETC.

LIVRES

Anciens et Modernes

La plupart illustrés

COLLECTION MOLIÉRESQUE

DESSINS, TABLEAUX

DONT LA VENTE AUX ENCHÈRES PUBLIQUES AURA LIEU

HOTEL DES COMMISSAIRES-PRISEURS, RUE DROUOT, N° 9

SALLE N° 10

Les Lundi 1er, Mardi 2, Mercredi 3 et Jeudi 4 Février 1897

à deux heures précises.

Me **MAURICE DELESTRE,** Commissaire-Priseur, 5, Rue Saint-Georges.

ASSISTÉ DE :

M. **LOUIS BIHN,** marchand d'Estampes, en face la Bibliothèque Nationale, 69, rue Richelieu, et 1, rue Rameau,

et de M. **AUG. GEOFFROY.**

Exposition publique : le Dimanche 31 Janvier 1897,

De deux heures à cinq heures et demie.

D05417

CONDITIONS DE LA VENTE

Elle sera faite au comptant.

Les acquéreurs paieront CINQ POUR CENT en sus des enchères applicables aux frais de vente.

L'expert chargé de la direction de la vente se réserve la faculté de rassembler ou de diviser les lots.

Dès la réception du présent catalogue, MM. les Amateurs pourront visiter les estampes, livres, etc., au bureau de l'expert, 1, rue Rameau.

L'exposition mettant à même de se rendre compte de l'état des pièces cataloguées, aucune réclamation ne sera admise après l'adjudication prononcée, ni aucun objet repris.

M. Aug. Geoffroy, chargé de la vente, remplira les commissions des personnes qui ne pourraient y assister.

N.-B. — Le nombre de pièces contenues dans les **lots** *est indiqué en* **chiffres** *au bout de la ligne.*

Toutes les pièces étant en bel état, nous nous sommes dispensés de l'indiquer au Catalogue.

ORDRE DES VACATIONS

Lundi 1er Février.	Estampes, nos	1 à 233
Mardi 2 — . .	Estampes, Dessins, Tableaux,	233 à 430 et fin
Mercredi 3 —	Livres,	1 à 202
Jeudi 4 —		203 à 403

L'ordre du Catalogue sera suivi, excepté pour les Tableaux.

LIVRES

---

1 **Abrégé** de la Vie et Passion de Nostre Sauveur Jésus-Christ ; seconde partie : La Passion. Paris, veuve Joron, 1663, in-4 v.
Titre et 46 pl.

2 **Acajou** et Zirphile, conte par Duclos. A Minutie, 1744, in-4 veau, 10 jolies fig. gravées.

3 **Aérostation** (The history and practice of), by Tiberius Cavallo. London, 1785. — **Faujas de St-Fond.** Descript. des expér. de la machine aérostatique de MM. de Montgolfier. Paris, 1783. Ensemble 2 ouvr. en 1 vol. in-8 v., figures.

4 **Affaire** du Collier (Recueil de 23 pièces judiciaires relatives à l'). Paris, 1785-86, in-4 demi-rel. Bel exempl.
Grande pl. du Collier, six portr. gr. en noir ou en bistre et en couleur.

5 **Albane** (Album de peintures de l'), grav. par Frezza, d'après les dessins de P. de Petris. In-fol. demi-rel., mouill.
Un portrait, 11 pl. de plafonds et 5 pl. doubles.

6 **Alboize et Elie.** Fastes des gardes nationales de France. Paris, 1749, 2 vol. in-8 demi-chag., fig. sur acier et costumes color.

Album Aubert. M. Lamélasse. In-4 obl. cart. 52 pl. lithographiées. Sujets comiques.

8 **Album.** Vues de Venise. Paris, Bulla, 1 vol. in-4 obl., cart. percal. 12 pl. color.

9 **Album** der Lotterie der internationalen Kunstaustellung. Wien, 1882, in-fol. en portef., jolie reliure spéc., 40 reproduct. de tableaux.

10 **Album** de costumes historiques publiés chez Martinet. 24 pl. color.

11 **Album** de caricatures. Paris, 1847, in-4 obl., broché. Vignettes.

12 **Albums.** Well worn roads, by Hopkinson Smith. London, 1887. — Fairy land, pictures from the Elf-world, by R. Doyle. London, 1875. Deux vol. in-4 reliés, nombr. grav. en noir et en couleur.

13 **Albums Japonais.** Remarquables recueils d'estampes en couleur représentant des personnages en pied, dans des scènes de théâtre très variées. Deux vol. in-fol. renfermant en tout 326 planches raccordées formant tableaux.

Curieux et parfaitement conservés.

14 **Albums Japonais.** Scènes de mœurs, et acteurs dans des rôles tragiques. Personnages en pied, en couleur. Trois cahiers in-fol. renfermant un total de 146 pl.

15 **Albums Japonais.** Caricatures, types de femmes, etc. Scènes en noir et en coul. Cinq albums in-8 et gr. in-8.

16 **Alger** (Voyage pittoresque dans la Régence d') exécuté en 1833 et lithogr. par E. Lessorre et W. Wyld, déd. à Horace Vernet. Paris, Motte, 1835, in-fol., demi rel. mouill. 80 pl.

Manquent les pl. 45 et 46.

17 **Alken** (Henry). Illustrations to popular songs. London, 1831 ; in-4 oblong., demi-rel., 43 litho. coloriées.

18 **Alpes.** Beaumont. Travels through the Rhætian Alps, — the Maritime Alps. — Select Views in the South of France. Londres, 1792, 94, 95. Ensemble 3 ouvrages en un vol. in-fol. cuir de Russie.

Complet des 44 pl. à l'aqua-tinte et des cartes. Bel exemplaire.

19 **Alphabet-Album.** Collection de soixante (59) feuilles d'Alphabets historiés et fleuronnés tirés des principales bibliothèques de l'Europe ou composés par Silvestre, professeur de calligraphie des Princes, gravés par Girault. Paris, Techener, 1843 ; in-fol. demi-rel., mouill.

Lithographies en noir et en couleurs.

20 **Alsace** (Antiquités de l'), ou châteaux, églises et autres monumens des départemens du Haut et du Bas-Rhin.

Mulhouse et Paris, Engelmann, 1828, 2 vol. in fol. demi-maroq. grenat av. coins. Exemplaire au chiffre de Louis-Philippe.

Haut-Rhin par de Golbéry, avec 48 litho. sur chine. Bas-Rhin par Schweighaeuser, 40 litho. sur chine.

21 **American** Ornithology (Illustrations of the) of Alex. Wilson and Charles Lucian Bonaparte, with additions, by Capt. Th. Brown. Edinburgh and London, 1835, in-fol. demi-rel., raccommod.

120 pl. coloriées.

22 **Amérique.** Jugement de l'Amiral Keppel. 1779. London, 1779 ; in-fol. à 2 col., cart.

23 **Amériques** (Voyage pittoresque dans les deux). Résumé général de tous les voyages, de Colomb, Las-Casas, Labat, Chastellux, etc. Publié sous la direction de M. Alcide d'Orbigny. Paris, Tenré, 1836, in-4, demi rel.

Cartes et nombreuses figures par Boilly.

24 **Anatomie** (Traité d') de Tortebat par Leclere et Petit. Paris, chez Jean (an 7), 10 pl. — Le Brun. Heads representing the Passions. London, R. Sayer, s. d., 20 pl. Ensemble deux ouvr. in-fol. br.

25 **Animals** (Sketches of figures and), by W. et H. Barraud. London, s. d., in-fol. demi-rel.

26 litho. teintées.

26 **Annales** de la Monarchie françoise depuis son établissement jusqu'à présent, par de Limiers. Amsterdam, 1724, 3 tomes en 1 vol. in-fol. cart., n. r., frontisp., plans de villes, médailles, tableaux généalogiques.

27 **Antique Rome** (l'), description historique et pittoresque du peuple romain. Paris, s. d., in-4 broché, orné de 50 grav. en couleur par St-Sauveur.

28 **Architecture** (Divers morceaux d') du sieur Dumont. — Suite de plans, coupes, élévations de trois temples. — Parallèle de plans des plus belles salles de spectacles d'Italie et de France, avec des détails de machines théâtrales. — Suite de profils et détails d'architecture. — Suite des élévations, coupes et profils entiers de la basilique de St-Pierre du Vatican à Rome. Paris, s. d., in-fol., demi-rel., 165 pl.

29 **Arts** and Industries (Royal Album of) of Great Britain. London, Wyman and Sons, 1887; in-4, cuir de Russie, tr. dor., dos et pl. ornés.

Portrait en couleur de la reine Victoria et nombr. fig. dans le texte.

30 **Atlas** (seul) des Voyages à Péking, Manille et l'Ile de France, faits dans l'intervalle des années 1784 à 1801 par M. de Guignes. Paris, Impr. impér., 1808 ; in fol. cart. Complet des 97 pl. gravées par Desève.

31 **Aubry** (Ch.). Esquisses histor. des différents corps qui composent l'Armée française, par Joachim Ambert. (Paris), Degouy, s. d. ; in-fol. cart., taches.

16 lithographies et le titre.

31 *bis* — *Le même*, colorié, 13 pl. (manquent : Train, Gendarmerie et Vétérans).

32 **Baltard**. Paris et ses monumens mesurés, dessinés et gravés, avec des descript. histor. par le cit. Amaury-Duval. Ouvrage dédié à Napoléon Bonaparte. Paris, Crapelet, an XI-1803 ; in-fol. en feuilles.

Fragment de cet ouvrage concernant **le Louvre**, 41 pl., complet. Avec la vue de l'Exposition de l'an IX dans la cour du Louvre.

33 **Baric** Parodie des Misérables de Victor Hugo. Paris, s. d. : 2 broch. gr. in-8 avec couvert.

104 vignettes.

34 **Barthélemy**. Némésis. Paris, Perrotin, 1837. 2 vol. in-8 brochés, fig. de Raffet.

35 **Barthélemy et Méry**. Napoléon en Egypte. Waterloo et le fils de l'homme. Paris, Bourdin, in-8 cart., n. rogné ; illust. d'Horace Vernet et Bellangé.

36 **Bartsch**. Thiergruppen als vorbilder fur zeichner und landschaftsmaler, nach der natur gez. von H. Roos. Berlin, s. d. (1801), in fol. obl. demi rel., au chiffre de Charles X, gardes soie, tr. dor.

Douze pl. et un titre (animaux) d'après Roos (XVIIe siècle), Van de Velde, Potter, etc.

37 **Beauties** of continental architecture in a series of views of ancient cathedrals and other remarkable public buildings, in France, the Netherlands, Germany and

Italy, engraved by J. Coney. London, s. d. (1831 ; in-fol. cart. toile.

28 belles planches à l'eau-forte et 56 vignettes.

38 **Beauty** (Gems of). London, 1836. Album in-4 rel. en toile, renfermant 12 jolies fig. gravées.

39 **Béham** (Hans Sébald). Biblicæ historiæ, artificiosissimis picturis effigiatæ per Seb. Behem pict. Francofort., s. d. ; in-4 vél., ébarbé.

Trente-six feuillets de grav. sur bois.

40 **Bellangé.** Collection de types de tous les corps et des uniformes militaires de la République et de l'Empire. Paris, Dubochet, 1844 ; gr. in-8, demi-rel. d'amat.

50 pl. coloriées.

41 **Bérain** (Œuvre de Jean , dessinateur de la Chambre et du Cabinet du Roi. Paris, 1670-1710 ; in-fol. obl. vélin bl., 109 pl.

Recueil des meilleurs spécimens d'ornementation d'époque Louis XIV. Cet exemplaire renferme : Portrait de Bérain gr. par Duflos ; Cheminées, 15 pl., y compris le titre ; Corniches, 1 pl. à 4 sujets ; Jardins et parterres, 10 pl. ; Meubles, torchères, candélabres, consoles, lustres, vases, flambeaux, 11 pl. ; Pompes funèbres, 17 pl. ; Boutique d'une modiste, 1 pl. à costumes ; Grilles, 2 pl ; Collation de Chantilly, 2 pl. ; Attributs, allégories, peintures, plafonds, arabesques, carrosses, costumes de ballets, etc. 47 pl.

42 **Bérain.** Arabesques, cheminées, plafonds, etc. Augsbourg, Wolff ; in-fol. vél.

Soixante-dix-sept planches.

43 **Béranger.** Chansons anciennes, nouvelles et inédites. Paris, Baudouin, 1828 ; 2 vol. in-8, v. grenat.

40 vignettes de Devéria et autres et 33 lithogr. coloriées d'Henry Monnier. Un portrait.

44 **Book** (The) of Royalty. Characteristics of British palaces, by Mrs. Hall. London, Ackermann, 1839 ; in-4 demi-rel., taches.

Onze lithogr. teintées et 2 coloriées.

45 **Bosphorus** (Beauties of the), by Miss Pardoe. London, 1838-40 ; 4 vol. in-4, cart. d'édit., 81 vues gravées.

46 **Bosse** (Abr.). La pratique du trait à preuves, de M. Desargues, Lyonnois, pour la coupe des pierres en architecture. Paris, 1643 ; in-8 v.

47 **Boucher** (Le Nu, d'après), par Louis Enault. Paris, Bernard, 1891 ; in-fol. en carton.

Texte, titre et 20 pl. en sanguine.

48 **Bourbon** (Histoire de la Maison de), par Désormeaux. Paris, Impr. roy., 1772-88 ; 5 vol. in-4 v., figures de Boucher, Choffard et Moreau, gr. par A. de St-Aubin, Bradel, Moreau et Prévost ; 14 portraits gravés par Miger et Gaucher.

49 **Brion.** Coup-d'œil général sur la France. Paris, 1765 ; in-4 v.

Frontisp. représ. la place Louis XV, d'après De Sève. *Atlas* colorié dess. et grav. par Desnos.

50 **Calendrier** perpétuel rendu sensible, et mis à la portée de tout le monde, ou nouveau et vrai calendrier perpétuel, par M. G. S. H. Paris, Gueffier, 1774 ; in-12 maroq. vert, fil., tr. dor., tableaux mobiles.

51 **Callot.** Les Misères et les malheurs de la Guerre (dites les Grandes Misères). Paris, 1633 ; in-4 obl., demi-rel., avec coins.

Suite complète de 18 pl. (2e état). — (Meaume, 564, 581).

52 **Callot.** Les Caprices (M. 768, 867). Suite de 50 pl. dont nous n'avons que 42, plus 3 autres non décrites. — Figures variées (M. 730, 746). Suite de 7 pièces dont nous n'avons que 6, la 7e étant marquée douteuse par Meaume. — Suite de 8 pièces dans le genre de Callot : *Bamboccí Diversi* di Davide Bagli. En un vol. in-12 obl., vélin.

53 **Campagnes des Français** sous la République et l'Empire. Paris, s. d., in-fol. oblong, percaline. 60 planches sur chine par C. Vernet.

54 **Caricature** (La). Journal, du n° 42, 18 août 1831, au n° 83, 31 mai 1832. In-4, demi-chag. rouge, pl. noires et color.

55 **Caricatures** politiques anglaises, par H. B. et autres. In-fol. obl., demi-rel. avec coins.

84 lithographies.

56 **Caricatures** par Ape. Hommes politiques ou célèbres d'Angleterre. Charges en pied chromolithogr., publ. dans *Vanity Fair*, 1771-72 ; in-4, demi-rel.

76 pièces.

57 **Caricatures**. Portiers et locataires par Baric 19 p. — Les chattes parisiennes, 20 p. — Coquecigrue par Baric. Paris, Arnaud de Vresse, 3 albums in-4 cart.

58 **Carrache** (Pensieri diversi lineati et intagliati d'Annibale). S. l. n. d.; in-4 cart.

38 pl. et un frontisp. gravés par Cornélius Bloemaert et impr. en sanguine.

59 **Catalogue** (A descript.) of the picture by G. Hayter repres. *the trial of queen Caroline* of England now exhib. Pall Mall. London, 1823 ; 5 curieuses pl. repliées montrant 189 portraits. — F. de Geramb. Lettre à Sophie sur la *fête donnée par le prince régent* pour l'anniv. de la naissance du roi. Londres, 1811 ; frontisp. — Hermit's Story. Love's victims, poème ; s. d. — Young. Catalogue of the works of *Hogarth*. London, 1814. — Mary Anne Hollingsworth commonly called : The old woman of Delamere Forest ; 1832 ; fig. En un vol. in-4, demi-rel. maroq. av. coins.

60 **Cérémonies** et fêtes qui ont eu lieu à Bruxelles, du 21 au 23 juillet 1856. à l'occasion du XXVe anniversaire de l'inauguration de S. M. le roi Léopold Ier, précédé d'un résumé histor. par Van Hasselt. Bruxelles, 1856 ; in-fol., cart. d'édit.

Portrait, titre et 23 pl. litho. coloriées.

61 **Cervantès.** L'ingénieux hidalgo Don Quichotte de la Manche, trad. et annoté par L. Viardot. Paris, Dubochet, 1836-37 ; 2 forts vol. gr. in-8, v. bl., fil., dos or., tr. dor.

Vignettes de Tony Johannot. Bel exemplaire.

62 **Cesena** (de). L'Italie confédérée ou histoire de la campagne de 1859. Paris, Garnier, 4 vol. gr. in-8 brochés, cost. milit. coloriés.

63 **Challamel** et **Tenint**. Les Français sous la Révolution. Paris, Challamel, gr. in-8 cart., n. rogné, fig. noires.

64 **Cham**. Revue comique de l'exposition de l'industrie. — Mélanges comiques. — La grammaire illustrée. — Les représentants en vacances, études parlementaires. — Les folies du jour. — Coups de crayon. Paris, bureaux du Charivari, 1 vol. pet. in-4, demi-bas.

65 **Chapuy**. Le Moyen-Age monumental et archéologique. Paris, Hauser, 1843-47 ; 3 beaux vol. in-fol., demi-rel. chagr. rou. av. coins, pl. toile, tête dor.

444 vues lithographiées.

66 **Charlet**. Recueil de 40 lithog. dess. à la plume ; in-fol., en feuilles.

67 **Chiffres** Louis XIV, par Renoir. Paris, s. d. ; in-4, cart. toile, 68 pl. gravées.

68 **Chiffres**, Lettres et Armes, tirés des principales bibliothèques de l'Europe, dessinés par Silvestre et Paillet. Paris, Morel, 1866 ; in-fol., demi-chag. vert.

60 chromolithographies de blasons, alphabets, etc.

69 **Chine**. Het gezantschap der Néerlandtsche Cost-Indische Compagnie, aan den grooten Tartarischen Cham, der tegenwoordigen keizer van China.... door Joan Nieuhof. Amsterdam, J. Van Meurs, 1665 ; in-fol., vélin, *figures*.

70 **Christian**. L'Afrique française. Paris, 1850, 2 vol. in-8 brochés, fig. et costumes color. de Philippoteaux (tomes 7 et 8 des Victoires et conquêtes de l'armée française).

71 **Ciceronis** (Officia), das ist Vonn Geburlichen Wercken wolstand und Recht thün ; das erst buch Marci Tullii Ciceronis. Francfort-s.-M., 1565 ; 3 part. en 1 vol. in-4, vélin. Impress. goth., *100 grav. sur bois*. Incompl. du feuillet LV-LVI. A la fin : Das leben und tod des furtrefflichen Rhumreichen Romischen Redners und Burgermeisters M. T. Ciceronis.

72 **Clarac** (De). Musée de sculpture antique et moderne. Paris, Texier, 1826-30 ; 2 vol. in-4 obl., cart. Bradel.

262 pl. au trait représentant des bas-reliefs, autels, cippes funéraires, vases, candélabres, et autres objets d'art du Louvre et des Tuileries.

73 **Coiffure** féminine (Histoire de la), par la Comtesse de Villermont. Bruxelles, Mertens, 1891 ; gros vol. gr. in-8 br., couvert.

Nombreuses figures.

74 **Collection** des portraits des principaux personnages qui figurent dans l'affaire Fualdès, dessinés à Albi par Sudré. Paris et Albi, 1818, 9 portraits.

75 **Comines** (Mémoires de messire Philippe de). Nouv. édit. rev. par Mess. Godefroy, augm. par Lenglet du Fresnoy. Londres et Paris, Rollin, 1747 ; 4 vol. in-4 v., tr. dor. ; nombreux portraits d'Odieuvre, en belles épreuves.

Exempl. aux armes de d'Aumont de Rochebaron.

76 **Costumes** civils actuels de tous les peuples connus. Paris, 1788 ; 4 vol. in-8, demi-rel.

Environ 300 grav. coloriées, gravées par Mixelle d'après Desrais.

77 **Costumes**. Habillemens, mœurs et coutumes dans les provinces septentrionales des Pays-Bas. Amsterdam, Maaskamp, s. d. ; pet. in-4 cart.

Vingt planches finement coloriées.

78 **Costumes** des Représentans du Peuple, membres des deux Conseils, du Directoire exécutif, des ministres, des tribunaux, des messagers d'Etat, huissiers et autres fonctionnaires publics, etc., gr. et color. par Labrousse, d'après Grasset-St-Sauveur, avec notices histor. Paris, Deroy, an 4, 1795 ; in-8, demi-rel.

Titre et 14 gravures.

79 **Costumes** des XIIIe, XIVe et XVe siècles, extr. des monumens les plus authentiques, avec un texte histor. et descriptif par C. Ossani, d'après l'édit. de Bonnard. Rome, 1845 ; in-4, demi-vél., texte ital.-français, tache.

32 pl. représentant 54 fig. rehaussées d'or.

80 **Costumes** des Etats héréditaires de la Maison d'Autriche. Londres, 1804 ; in-fol. demi-rel., fat.

50 pl. coloriées. Texte anglais-français.

81 **Costumes** (Recherches sur les) et sur les Théâtres de toutes les Nations tant anciennes que modernes. Paris, Drouhin, 1790; 2 vol. in-4 br., n. r.

54 estampes en couleur par Alix, et un frontisp.

82 **Costume** of the Netherlands (The), displayed in thirty coloured engravings, after drawings from nature, by Miss Semple. London, Ackermann's, 1817 ; gr. in-4, cart., non rogné.

Trente planches impr. en couleur, dont une bonne partie concerne le Nord de la France et la Belgique.

83 **Costumes** français de 1200 à 1715 (par H^{te} Lecomte). London, s. d., in-8 carré, demi-vél., 100 pl. lithogr.

84 **Costume** of China (The), illustrated by forty-eight coloured engravings. Par W. Alexander. London, Miller, 1805 ; in-4, maroq. rou. à long grain, dos et pl. or., tr. dor. (rel. orig.).

48 pl. de costumes et scènes de mœurs en couleur.

85 **Costumes** of France, Switzerland and Italy (Sketches illustrative of the manners and), by R. Bridgens. London, 1821 ; in-4, demi-rel. av. coins.

50 planches coloriées.

86 **Couronnement** (Vues des cérémonies les plus intéressantes du) de Leurs Majestés Impériales l'empereur Nicolas Ier et l'impératrice Alexandra, à Moscou. Paris, Didot, 1828 ; gr. in-fol., demi-rel. av. coins.

14 lithographies de V. Adam.

87 **Cruikshank.** Life in Paris, comprising rambles, sprees, and amours of Dick Wildfire, squire Jenkins and capt. O'Shuffleton, with the adventures of the Halibut family, including sketches of characters in the french metropolis, by David Carey. London, 1822 ; in-8, rel. en v. vert.

Frontisp. et 20 curieuses pl. coloriées.

Cruikshank. The Comic Almanach for 1848. Adorned with numerous humorous illustrations. London, Bogue, 1848 ; in-16 br., couverture illust.

89 **Dalmatie.** Viaggio in Dalmazia, dell'abate Alb. Fortis. Venezia, 1774 ; 2 tomes en un vol. in-4 v., figures (vues, plans, cartes et costumes).

90 **Daumier.** Les Cent et un Robert-Macaire, composés et dessinés sur les idées et les légendes de Ch. Philipon, réd. et lithogr. par M**. Texte par M. Alhoy et L. Huart. Paris, Aubert, 1839 ; 2 part. en 1 vol. in-4, demi-rel., sans titre.

101 lithographies humoristiques.

91 **Daviler**. Cours d'Architecture qui comprend les Ordres de Vignole.... et tout ce qui regarde l'art de bâtir. Paris, Mariette, 1720 ; in-4, demi-rel., figures.

92 **Della Bella**. Principii del disegno. S. l. n. d., in-4 obl., demi-rel., titre et 61 pl.

93 **Denon** (Baron Vivant). Egypt, a series of one hundred and ten engravings exhibiting the antiquities, architecture, inhabitants, costume, hieroglyphics, animals, scenery, etc., of that country..... London, Taylor, 1816 ; in-fol., demi-rel., texte encadré, portrait et 110 pl.

94 **Denon** (Vivant). Voyage dans la basse et la haute Egypte, pendant les campagnes de Bonaparte en 1798 et 1799. Londres, 1819 ; in-4, demi-rel.

123 planches en taille-douce.

95 **Devéria**. Album lithographique. 1833. 1 titre et 12 p. sur chine, in-4, percaline.

96 **Dick de Lonlay**. Notre armée. Paris, Garnier frères, 1890, gr. in-8, percal. verte, tr. dor., vignettes noires et color.

97 **Dietterlin** (Wendelin). Architectura von den fünf und aller darauss folgender Kunstarbeit von Fenstern, Caminen, Thürgerusten, Portalen, Bronnen und Epitaphien.... Nurnberg, Barth. Caymor, 1598, pet. in-fol. cart., titre rou. et noir. Rare.

Cachet de cire sur le titre. Le f. 135 (texte) est placé entre les pl. 101 et 102.

98 **Dietterlin**. Architecture. Nürnberg, 1598. In-fol., demi-rel. av. coins.

Cent trente-neuf planches et un titre.

99 **Domenichino** (Picturæ Dominici Zampierii vulgo) quæ extant in sacello sacræ ædi cryptoferratensi adjuncto nunc primum tabulis æneis incisæ. Rome, 1762, in-fol., demi-rel. avec coins.

28 pl. dont plusieurs gravées par Bartolozzi.

100 **Dorat**. Les Baisers, précédés du Mois de Mai, poème. La Haye et Paris, Lambert et Delalain, 1770 ; in-8, v. porph., tr. dor. Titre rouge.

Une figure d'Eisen par Longueil, plus 23 vignettes, un fleuron sur le titre et 22 culs-de-lampe gravés par Aliamet, Baquoy, Binet, Delaunay, Lingée, Masquelier, Massard, Née, Ponce. Bel exemplaire, qui contient l'Imitation des poëtes latins.

101 **Dorat**. Fables nouvelles. La Haye et Paris, Delalain, 1773 ; 2 vol. in-8, v. porph., tr. dor.

Deux frontispices, deux fig. par Delaunay d'après Marillier, un fleuron, 99 vignettes et 99 culs-de-lampe par Arrivet, Baquoy, Duflos, de Ghendt, Le Gouaz, Lebeau, Leveau, Lingée, de Longueil, L. Legrand, Leroy, Née, Ponce, Simonet. Bel exemplaire.

102 **Draner**. Paris assiégé. 31 pl. — Souvenirs du siège de Paris. 31 pl. — Fleurs, fruits et légumes. 31 pl. Ensemble 3 vol. in-4 et in-8 cart.

103 **Du Cerceau** (Jacques Androuet). Livre d'architecture. Des plus excellens bastimens de France, auquel sont designez les plans de quinze (trente) bastimens et de leur contenu, ensemble les élévations et singularitez d'un chacun. A Paris, chez P. Mariette, 1648, 2 tomes en un vol. in-fol., v. Déchirure au titre.

Cent vingt-cinq planches.

103 *bis* — *Idem*, édition de 1607. Un vol. in-fol., veau.

104 **Dumas**. Vingt ans après, suite des Trois Mousquetaires. Paris, 1851, in-8, demi-chag., fig.

105 **Duplessi-Bertaux**. Recueil de cent sujets de divers genres représ. toutes sortes d'ouvriers occupés de leurs travaux, scènes de comédies, scènes populaires, mendiants, militaires, cavaliers, chevaux, foires, danses, etc. Paris, 1814, in-4 obl., demi-chag., av. coins, texte angl.-français.

Deux portraits, un frontispice et 98 pl. à l'eau-forte.

106 **Dupuy**. Historique du 3e rég^t de hussards, de 1764 à 1887. Paris, 1887, gr. in-8 broché, sur pap. du Japon, fig. color.

107 **Durer** (Alb.). Designs of the Prayer book. London, Ackermann, 1817, in-fol. cart., impress. en sanguine, vert, violet et noir.

43 planches de bordures et portrait de Dürer.

108 **Du Rosoi**. Les Sens, poème en six chants. Londres (Paris), 1766, in-8, v. marbr., tr. dor.

7 figures av. l. lettre d'Eisen et de Wille, 6 vignettes des mêmes et 2 culs-de-lampe par de Longueil d'après Eisen.

109 **Egypte**. Album de 48 gravures coloriées, par Milton, d'après Mayer, publ. à Londres en 1802. In-fol., demi-rel.

Vues, monuments, scènes et costumes.

110 **Empire francais** (Cérémonial de l'), par L.-J.-P**. Paris, 1805, in-8, demi-rel.

Portraits en pied et coloriés de l'Empereur, de l'Impératrice et du Pape.

111 **Empire.** Projet d'un arc de triomphe dont l'exécution avait d'abord été arrêtée pour l'emplacement de l'Etoile, sur la grande route de Paris à Neuilly, gravé au trait d'après les dessins orig. de feu J.-A. Raymond, architecte (né à Toulouse) ; précédé d'une notice sur la vie et les ouvrages de l'auteur. Paris, 1812, in-fol. de 10 p. et 6 pl. doubles, avec portr. sur le titre, br.

112 **Empire.** A collection of designs for household furniture and interior decoration in most approved and elegant taste... by George Smith. London, 1805 ; 1re part., in-4 br., couvert., 50 pl. coloriées.

113 **Equitation.** De l'équitation et des haras, par le Cte Savary de Lancosme Brèves. Paris, Ledoyen, in-4 br., vig. dans le texte et fig. hors texte.

114 **Ermenonville** (Promenade ou itinéraire des jardins d'), par le Cte de Girardin. Paris, Mérigot, 1788 ; in-8, demi-maroq. grenat av. coins, dos or., tête dor. (Petit).

Vingt-cinq jolies vues, dont plusieurs avec personnages, dess. et grav. à la manière noire par Mérigot fils.

115 **Escrime.** G. Thibault. Académie de l'espée, où se démontrent par reigles mathématiques sur le fondement d'un cercle mystérieux la théorie et pratique des vrais secrets du maniement des armes à pied. (Leide, Elzevier), 1628 ; deux tomes en un vol. grand in-fol., vélin blanc, filets or.

Très bel exemplaire de ce splendide ouvrage, orné d'un portrait, de 9 blasons et de 48 pl. Le titre du 1er vol. est remonté. Il y a 2 pl. en plus et il manque les 2 premières du 2e vol.

116 **Esopus** moralizatus cum bono comento. Impressus anno salutis nostre, 1491 ; in-4, gothique, sans nom d'impr. ni de lieu. Reliure maroq. rou., dos orné, dent. intér., bordure et cartouche de fleurs sur chaque plat.

117 **Fables** nouvelles, par M. de La Motte. Paris, Grég. Dupuis, 1719 ; in-4 v., fig. d'après Gillot, Coypel, etc.

118 **Faërne** (Gabr.). Fables choisies. Paris, 1805 ; in-4 br., n. rog., 50 pl. et 1 frontisp. gr. par Simon Auguste.

119 **Favre** (De). Les quatre heures de la toilette des dames, poème érotique. Paris, Lemonnyer, 1883 ; in-8 br., pap. vergé.

Figures en taille-douce par Leclerc.

120 **Femmes célèbres** (Galerie de), tirée des Causeries de Ste-Beuve. Paris, Garnier, 1859 ; in-8, demi-chag., tr. dor. 12 portraits gr. au burin d'après Staal.

121 **Fénelon**. Les Aventures de Télémaque. Paris, Renouard, 1795 ; 2 vol. in-4 v., tr. dor.

72 grav. de Tilliard d'après Monnet ; 23 titres (au lieu de 24, le 13e manque) ; un frontispice, portr. sur le titre.

122 **Fêtes** (Représentation des) données par la ville de Strasbourg pour la convalescence du roi, à l'arrivée et pendant le séjour de Sa Majesté en cette ville. Inventé, dessiné et dirigé par J. M. Weis, graveur de la ville de Strasbourg. Imprimé par Laurent Humbert, à Paris (1745). Grand in-fol., v. marb., coins refaits.

Titre, portrait équestre de Louis XV, 11 grandes pl. doubles et 20 pages de texte avec encadrements et fleurons variés. Splendide publication où collaborèrent Marvie, Le Parmentier, Chevalier, Wille, Weiss et Le Bas.

123 **Figures** de la Bible et du Testament ; publ. à Anvers en 1576, par Gérard de Jode. In-4 obl., demi-rel.

Environ 350 fig. gravées par J. Sadeler, Wierix, C. Cort, P. de Jode, Hermann Muller, Bol, Hans et Adr. Collaert, etc.

124 **Flanders** and Germany (Fac-similes of sketches made in) and drawn on stone by Sam. Prout. Londres, s. d. ; in-fol., demi-rel.

50 vues lithographiées.

125 **Flandre** (Histoire de la campagne de M. le Prince de Condé en) en 1674, par le chev. de Beaurain. Paris, 1774 ; in-fol., v. f.

Cartes, vues et plans. Frontispice de Patas d'après Desrais.

126 **Fleurs**. Cahiers (six) de roses, corbeilles, vases, bouquets, gravés par Avril et Chevillet, d'après L. Tessier. Paris, Chéreau, s. d., A. P. D. R. In-fol. en feuilles.
Soixante et onze planches.

127 **Flora** (Temple of), or garden of the botanist, poet, painter and philosopher. London, Thornton, 1812; in-fol. maroq. bleu, tr. dor.

Frontispice de Burke, d'après Cosway, titre et 30 pl. coloriées.

128 **Force** d'Europe, oder die merckwurdigst und furnehmste, meistentheils auch ihrer fortification wegen beruhmteste Stælte, Vestungen, Seehæfen, Pæsse, Camps de Bataille in Europa.... Von Gabr. Bodenehr. Augsbourg, s. d.; in 4 obl., demi-rel.

200 vues et plans.

129 **Français** peints par eux-mêmes. Tome 5e (l'armée) Paris, Curmer, 1842, in-8, demi-chag. fig. noires et vignettes.

130 **Funérailles** du Prince d'Orange, par Punt. La Haye, Gosse, 1755, in-fol. en feuilles.

Quarante-cinq planches. Texte holl.

131 **Galard**. Album Bordelais, costumes, paysages. In-fol. demi.-rel. av. coins.

34 lithographies et 5 costumes, dont plusieurs teintés ou coloriés.

132 **Galerie du Palais-Royal** par Couché. Paris, chez l'auteur, 1786, 2 vol. in-fol. en cartons cont. 240 planches.

Manque les nos 4, 26, 39, 43, 56, 141, 151, 153, 154, 168, 171, 202, 211, 213, 214, 240.

133 **Galibert**. L'Algérie ancienne et moderne. Paris, Furne, 1844, gr. in-8, demi-chag., vignette par Raffet et cost. color.

134 **Gavarni**. La mascarade humaine. 100 grandes compositions. Introduction par Lud. Halévy. Paris, C. Lévy, 1881, in-4, cart. spéc.

135 **Gavarni**. An artist's ramble in the north of Scotland, by Michel Bouquet, London, Ackermann, 1849, in-fol. br., couverture.

Titre et 21 lithographies teintées (les figures par Gavarni).

136 **Gazette** des Beaux-Arts. Collection, de l'origine, 1859, à 1894 inclus, formée de 42 vol. in-4 dem.-rel. av. coins. — Chronique des Arts, 1863 à 65. Un vol. in-4 demi-rel.

137 **Gessner**. Mort d'Abel, poëme, trad. par Hubert. Paris, Defer de Maisonneuve, 1793; in-4 cart., n. r.

Six grav. en couleur, av. l. l., par Colibert et autres d'après Monsiau.

138 **Gœthe**. Le Faust. Trad. rev. et compl., précédée d'un essai par H. Blaze. Edit. ill. par Tony Johannot. Paris, 1847; gr. in-8 demi-maroq. vert, figures.

139 **Gœthe's** (Handzeichnungen zu). Balladen und Romanzen von Eug. Neureuther. Munchen, 1829-1830 ; 4 part. - Baierische Gebirgslieder mit bildern, gez. von E. Neureuther. Munchen, 1831 ; 2 part. Ensemble 2 ouvr. en un vol. in fol. demi-v. f., pl. toile. Encadrements à chaque page ; impr. en plus. couleurs.

140 **Gomboust** (Jacques). Plan de Paris dessiné géométriquement en 1649, et publ. en 1652, av. le texte, les vues et les ornemens qui accompagnent quelques ex., augm. d'une feuille d'assembl. pour faciliter les rech., gravé en fac-simile par Lebel et publ. par la Soc. des Biblioph. franç. Paris, Techener, Potier, Aubry, 1858. Grand in-fol. en carton. Exempl. sur chine.

Y est joint un texte in-8, grand papier vergé : Notice s. le plan de Paris. ..., par Le Roux de Lincy. Broché.

141 *Le même.* Exempl. de souscription, *sur peau de vélin.* Incompl. du titre et des 4 ff. explicatifs formant bordure.

Texte, également sur peau de vélin, en double et en feuilles.

142 **Grandval.** Le Vice puni, ou Cartouche, poème. Paris, 1768 ; in 8 rel. toile.

Dix-sept fig. de Scotin, d'après Bonnart. Suivi d'un Dictionn. argot-franc., et français-argot.

143 **Grandville.** Album de 120 sujets tirés des Fables de La Fontaine. Paris, Garnier, s. d. ; in 8 demi ch. rou.

Frontisp. et 120 grav. sur bois.

144 **Grandville.** Métamorphoses du jour, ou les hommes à têtes de bêtes. Paris, Aubert, 1836, in-4 oblong. 71 planches.

145 **Grandville.** Scènes de la vie privée et publique des animaux. Paris, Marescq et Havard, 1852 ; in-4 cart. spécial.

Un frontisp. et 23 grav. sur bois hors texte : nomb. vignettes.

146 **Grasset-St-Sauveur.** Encyclopédie des voyages. Paris, 1795, 56 livrais. in-4 av. couvert., conten. 331 pl. coloriées.

147 **Gravelot** et **Cochin.** Iconologie par figures, ou traité complet des allégories, emblèmes, etc. Paris, Le Pan, (1789) ; 4 vol. in-8 demi-rel.

208 fig. gr. par Le Mire, Longueil, Massard, Delaunay, Choffard, Aliamet, St-Aubin, etc.

148 **Gravure.** Heller (J.). Geschichte der holzschneidekunst. Bamberg, 1823 ; in-8 demi-bas.

Figures repliées, marques, monogrammes, filigranes.

149 **Gravure.** Abr. Bosse. De la manière de graver à l'eau forte et au burin, et de la gravure en manière noire. Paris, Jombert, 1745. — Séb. Le Clerc. Pratique de la géométrie sur le papier et sur le terrain. Paris et Amst., Mortier, 1691. — H. Gautier, de Nîmes. L'art de laver ou la nouvelle manière de peindre sur le papier, suivant le coloris des dessins qu'on envoie à la Cour. Brusselle, Foppens, 1708. Ensemble 3 vol. in-8 et pet. in-8, rel. v. et vél., *figures*.

150 **Gravures** religieuses (58) pour l'illustration des Sermons du Dr. J. Thauler, dominicain. S. l. n. d., gr. in-8 demi-rel., texte gravé, mouill.

151 **Guéranger** (Dom). Ste-Cécile et la société romaine aux deux premiers siècles. Paris, Didot, 1874 ; in-4 demi-rel. d'édit., tr. dor.

Contenant 2 chromolitho., cinq pl. en taille-douce et 250 grav. sur bois.

152 **Histoire** de la République romaine depuis sa fondation jusqu'au règne d'Auguste en 181 grav. d'après les dessins de Mirys. Paris, 1810 ; in-4 maroq. vert, tr. dor., dos et pl. ornés.

180 pl. et 1 frontisp. (manque la pl. 39) par Baquoy, Longueil, Patas, de Ghendt, etc.

153 **Hogarth** restored. The whole works of the celebrated William Hogarth, as originally published, with a supplement, consisting of such of his prints as were not published in a collected form ; now re-engraved by Thomas Cook, accompanied with anecdotes of Mr. Hogarth, and explanatory descriptions of his designs. London, 1806 ; grand in-fol. demi-rel.

Portrait et 111 planches.

154 **Hommes** vivants (Histoire générale des) et des hommes morts dans le XIXe siècle ; t. IV. Genève, 1869-70 ; in-fol. br., 34 portraits, 6 blasons et 6 vues lithogr.

155 **Horlogerie.** Dubois (P.). Collection archéologique du prince Soltykoff. Descript. et iconographie des instruments horaires du XVIe siècle... Paris, 1858, in-4, cart.

Vingt planches en taille-douce.

156 **Hugo** (Victor). Œuvres complètes. Edit. définitive. Paris, Hetzel-Quantin et Hébert, 46 vol. in-8, demi-chag. rou. et 8 cartons d'eaux-fortes.

Poésies 16 vol., Actes et paroles 3, Romans 14, Drames 4, Histoire 3, Philosophie 2, Rhin 2, V. Hugo raconté 2.

157 **Humboldt** et **Bonpland**. Melastomacées et autres fleurs, gravées en couleur. In-fol. cart.

Trente-cinq planches.

158 **Imagini** (Le) de gli Dei de gli Antichi, del sig. V. Cartari, con l'agiunta per Cesare Malfatti. Padoue, 1608; in-4 v., figures.

159 **Initial** Letters (One thousand and one) designed and illuminated by Owen Jones. London, 1864; album in-fol., cart. d'édit.

160 **Invalides** (Histoire de l'Hôtel royal des), par J.-J. Granet. Paris, G. Desprez, 1736; in-fol. v. granit, dos orné, tr. rou.

Cent trois gravures de Cochin.

161 **Janin**. L'Ane mort. Paris, Bourdin, 1842, gr. in-8, demi-percaline ébarbé, vig. de T. Johannot.

162 **Janson** (J.). Galliæ et Helvetiæ, 1 volume. — Belgii seu Germaniæ inferioris, 2 volumes. — Hispaniæ, 1 volume. — Italiæ cum appendice in maris Mediterranei insuliis civitatum, 1 vol. — Germaniæ superioris, 2 vol. — Urbium septentrionalium Europæ, 1 vol. Amstelodami, 1657. Ensemble 8 vol. in-fol. rel. en vél. blanc, tr. dor., dos et plats ornés. Frontisp. rehaussés d'or. Vues coloriées (environ 700). Bel exemplaire.

163 **Japhet**. Le Diable au Salon, 1851. — Idem, 3e N°. — Les Turcs au Salon. Trois broch. publ. à Bruxelles. In 8, avec caricatures lithogr.

164 **Jeux**. 1. Jeu des Reynes renommées, pour apprendre leur histoire. — 2. Jeu des Fortifications. — 3. Jeu des Métamorphoses d'Ovide, pour apprendre la Fable. — 4. Jeu des hommes et femmes illustres, pour apprendre leur histoire. — 5. Jeu de la Guerre. Amsterdam, P. Mortier, s. d. (vers 1700), 5 vol. in-32, veau brun, fil., titres gr., renfermés dans un boitier ant. (Rel. anc.).

Rare et curieuse réunion.

165 **Jolimont** (De). Le Moyen-Age pittoresque S. l. n. d., 3 vol. in fol., demi-rel. av. coins, taches.

Un vol. de texte et 180 pl. lithogr.

166 **Kauffmann** (Angelica). Angelica's Ladies Library, or parents and guardians present. London, 1794; in-4, cart.

Huit grav. par Bunbury, d'après Ang. Kauffmann, suivi de: Taylor. An Essay introduction to general knowledge and liberal education. 1799; 1 fig.

167 **Laborde** (Le Cte Alex. de). Les Monuments de la France classés chronologiquement et considérés sous le rapport des faits histor. et de l'étude des arts. Paris, Didot, 1816-36; 2 vol. gr. in-fol., demi-maroq. rou., av. coins.

Deux cent cinquante-neuf planches.

168 **Laborde** (de). Choix de Chansons mises en musique. Rouen, Lemonnyer, 1881. Quatre beaux vol. in-8 br., pap. vergé, entièrement gravés.

Superbes illustrations.

169 **Lacroix** (P.). XVIIe siècle. Lettres, sciences et arts. France, 1590-1700. Paris, Didot, 1882; in-4 br., couv.

Contenant 17 chromolitho., et 300 grav. sur bois, dont 16 hors texte.

170 **La Fontaine.** Contes et Nouvelles en vers. Amsterdam (Paris), 1762 : 2 vol. pet. in-8, v. marb., tr. dor., fil., dos or.

Contrefaçon (1792) — quant au texte, les figures sont *originales* — de l'édition des Fermiers généraux. Portraits de La Fontaine et d'Eisen et 97 vignettes. Les 2 fig. : *le Cas de conscience* et *le Diable de Papefiguière* sont découvertes. Il y a dans cet exemplaire 18 des pl. refusées.

171 **La Fontaine.** Fables choisies mises en vers. Nouv. édit. gravée en taille-douce, les fig. par Fessard, le texte par Montullay. Dédiées aux Enfans de France. Paris, l'auteur, 1765 ; 2 tomes en un vol. in-8 cart., n. r.

Les deux premiers volumes seuls, sur 6.

172 **La Fontaine.** Contes et Nouvelles en vers. Rouen, Lemonnyer, 1879 ; 2 vol. in-12 br., pap. vergé, figures.

173 **La Fosse** (J.-C. de). Algemeen kunstenaars handboek, of shatkamer...; Nieuwe zeer prachtige en geestige

uitbeeldingen... Amsterdam, J.-W. Smitt (et Roos), s. d.; 2 tomes en 1 vol. in-fol. demi-rel., 103 pl. et 2 titres, grav. par J. de Witt Jansz. La table n'indique que 77 pl.

Fontaines, frontispices, pyramides, cartouches, dessus de portes, bordures, médaillons, trophées, vases, frises, lutrins, tombeaux, pendules, portes, cheminées, monuments, tables, girandoles, chandeliers, etc.

174 **La Guérinière** (De). Ecole de Cavalerie, contenant la connaissance, l'instruction et la conservation du cheval. Paris, 1769; 2 vol. in-8 v., portr. et figures.

175 **Lami** (Eugène). Quadrille de Marie Stuart. Paris, Fonrouge lith., 1829; in-fol. demi-rel., pl. sur chine.

Titre doré, 21 costumes (portraits) coloriés (au lieu de 22) et représentant 6 sujets : Entrées, trône et bal paré. Manque 4 pl. Cath. de Médicis. Bel exemplaire.

176 **Lampsonius.** Pictorum aliquot celebrium Germaniæ inferioris effigies.... Hagæ Comitis, ex off. H. Hondii, s. d.; petit in-fol. vél.

Titre, frontisp., 68 portraits de peintres, une fig. de la Mort et 1 fig. typogr.

177 **Lano** (P. de). Les Bals travestis et les tableaux vivants sous le second Empire. Paris, S. Empis, 1893; in-4 en portef.

25 aquarelles de L. Lebègue.

178 **Le Clerc** (Séb.). Œuvres choisies. Paris, Lamy, 1784; in-4 cart., titre troué.

74 pl. présentant 239 estampes dessinées et gravées par ce célèbre artiste; costumes, paysages, fables, etc.

179 **Leclerc.** La garde nationale à cheval pendant le siège de Paris. Paris, 1871; gr. in-8 br., vig. dans le texte.

180 **Le Lorrain** (Claude Gellée). Trente-deux pl. gravées par Earlom et impr. en bistre, du *Liber Veritatis*. Londres, Boydell, 1776-77; in-4 obl., demi-rel. Marges.

181 **Lemau** de la Jaisse. Carte générale de la Monarchie françoise conten. l'Histoire militaire jusqu'au règne de Louis XV. Paris, 1733; in-fol. cart.

Bien compl. des 12 pl. du Tabl. et des 7 pl. formant la bordure.

182 **London** and Westminster (Select views in) London, Colnaghi, s. d. (1800); in-4 obl., demi-rel. 17 pl.

183 **London** interiors with their Costumes and Ceremonies. London, 1841 ; 2 vol. in-4, demi rel. avec environ 50 grav. sur acier. Classement défectueux.

184 **Lorraine.** Rosières (Fr. de). Stemmata Lotharingiæ et Barri ducam tomi VI, ab Antenore Trojano ad Caroli III, ducis tempora. Paris, Chaudière, 1580 ; in-fol.

Ouvrage écrit par un partisan des Guise.

185 **Lurine.** Les Rues de Paris. Paris, Kugelmann, 1844 ; 2 vol. gr. in-8, demi-chag. n. rognés, fig.

186 **Lutte.** Klare onderrichtinge der voortreffelijcke worstel-konst..... par Nic. Petter. Amsterdam, 1674 ; in-4 vél.

70 figures (au lieu de 71) par Romeyn de Hooge. Manque la pl. 37.

187 **Madagascar** (Histoire de la grande isle), composée par le sieur de Flacourt. av. une relat. de ce qui s'est passé ès-années 1655-57. Paris, Clouzier, 1661 ; in-4 v., figures et plans.

188 **Madou.** Scènes de la vie des peintres de l'école flamande et hollandaise. Bruxelles, 1842 ; in-fol., demi-maroq. grenat.

Renferme 20 belles compositions lithographiées sur chine.

189 **Madou** Physionomie de la société en Europe, depuis 1400 jusqu'à nos jours. Bruxelles, 1837 ; in-fol. obl., demi-maroq. vert avec coins.

Quatorze lithographies et un frontispice sur chine avec encadrements en bistre.

190 **Malte.** Ancient and modern Malta containing a full and accurate account of the present state of the islands of Malta and Goza, the history of the knights of St-John of Jerusalem, by L. de Boisgelin. London, 1805 ; 2 vol. in-4 cart. n. r., figures.

191 **Manuscrit.** Patente de Noblesse donnée à Pedro de Berganço de la Hera par Philippe II d'Espagne. Valladolid 1578. Manuscrit espagnol de 44 feuilles de vélin, signé par les officiers. La première page est occupée par un blason joliment peint et enluminé et représente la famille de Berganço agenouillée devant la Vierge et l'Enfant. Reliure ancienne en veau, ornementée.

192 **Marguerite** de Navarre. Contes et Nouvelles. Amsterdam, Gallet, 1708 ; 2 vol. in-12 v., frontisp. aux 2 vol. et 72 fig. par Romeyn de Hooge et Harrewyn, non signées.

193 **Marie-Antoinette**. Collection des ouvrages les plus intéressants présentés à la Cour à l'occasion du mariage de Mgr le Dauphin et de Mme la Dauphine. Paris, Desnos, 1770 ; in-4 demi-rel. Rare.

Deux portraits, un frontispice, par Ingouf, pour les Bouquets de noce, un tableau généalogique, un titre gravé pour les Vœux de la France, six gravures de Gravelot et une allégorie sur l'alliance du 16 mai 1770.

194 **Marie-Antoinette** (La Reine), par P. de Nolhac. Paris, 1890 ; in-4 raisin, br.

Magnifique ouvrage (*épuisé*), enrichi de 38 pl. et du fac-simile en couleur du célèbre portrait de Janinet

195 **Marie-Stuart**. De Vita et rebus gestis sereniss. principis Mariæ Scotorum reginæ, Franciæ dotariæ..... par Samuele Jebb. Londini, 1725 ; 2 vol. in-fol., cuir de Russie. Portrait (détaché) rare, par Vertue.

196 **Marmier**. Voyage pittoresque en Allemagne (partie septentrionale). Paris, 1860, gr. in-8 percal., tr. dor., illustrat. de Rouargue frères.

197 **Marot**. L'architecture françoise, ou recueil des plans, élévations, coupes et profils des églises, palais, hôtels et maisons particulières de Paris et des châteaux et maisons de campagne ou de plaisance des environs et de plusieurs autres endroits de la France (publ. par Mariette). In-fol., s. d , rel. en veau.

176 planches.

198 **Mary Stuart**, by John Skelton. Paris, 1893 ; in-4 raisin, br.

Splendide ouvrage (*épuisé*), enrichi de 40 portraits et vues, plus un portrait en couleur de M. Stuart.

199 **Mascarades** monastiques et religieuses de toutes les nations du globe, par G. C. Rabelli (Bar). Paris, an Ier ; in-8 v., *aux armes de Vence.*

26 curieuses figures coloriées.

200 **Médailles** sur les principaux événements du règne entier de Louis-le-Grand, av. des explic. histor. (par Charpentier, Tallemant, Racine, Boileau, etc.). Paris, Impr. Roy., 1723; in-fol., demi-rel. v., dos or., tr. rou.

Frontispice de Coypel et 318 pl. (Cohen n'en indique que 289). Vignettes par Leclerc, encadrements par Simonneau et médailles par Cochin.

201 **Médailles** du règne de Louis XV, par Godonnesche. S. l. n. d. (Paris, 1738), pet. in-fol., demi-rel. v. (rel. anc.)

Titre gravé, front. par Cars (d'après Le Moine), dédicace et 52 pl. av. encadrement historié.

202 **Médailles** (Œuvre du chevalier Hedlinger, ou Recueil des) de ce célèbre artiste, gravées par Christ. de Mechel. Bâle, 1776, in-fol., v. marb., dent. sur les pl., dos or.

Titre, dédicace et 40 pl., plus XXXIV et 64 p. de texte.

203 **Mercier**. Théâtre complet. Amst., 1778-84, 4 vol. in-8, demi-v. bl.

14 figures. Le IVe volume manque souvent.

204 **Militaires**. British soldiers, sailors and volunteers. London, 1864, in-4, cart. toile.

24 pl. de costumes coloriés.

205 **Militaires**. Sicard. Histoire des institutions milit. des Français. *Atlas*. Paris, 1831, in-8, demi-rel.

Titre gravé et 200 pl., dont 166 de costumes milit., suiv. de tables alphabétique et chronologique.

206 **Militaires**. Lalaisse (H.). L'Armée et la Garde Impériale. Paris, Martinet et Hautecœur, s. d., in-4, cart., tr. dor.

Cinquante planches coloriées.

207 **Militaires**. Teupken (J.-F.). Beschrijving hœdanig de koninklijke Nederlandsche trœpen en alle in militaire bettrekking staande personen gekleed..... S'Gravenhage en Amsterdam Van Cleef, 1823, petit in-fol., demi-rel. v., tr. jasp.

Un titre-frontisp. et 51 pl. en couleur de costumes de l'armée hollandaise, par Bakhuysen, Van Hove, Hari, etc. Ouvrage rare.

208 **Militaires**. The Guards and the Line, by lieut.-col. Hort. London, Darbing, 1851, in-4 obl., cart. d'édit., 12 pl. à double sujet.

209 **Militaires.** Bellangé (H.). Collection des types de tous les corps et les uniformes militaires de la République et de l'Empire, avec texte explicatif. Bruxelles, Michel, 1843, gr. in-8, demi-maroq. rou.

50 pl. coloriées.

210 **Militaires.** Her Majesty's Army, by Walter Richards. London, Virtue, s. d., 6 vol. in-4, rel. en toile chagr., tr. dor., chromolithographies.

211 **Modes** (les) françaises. Paris, Garnier frères, in-4 obl., cart. percal. 110 dessins.

212 **Monnier** (Henry). Les Bas-fonds de la Société. Paris, s. d., gr. in-8 br.

213 **Monnoyer.** Livre de toutes sortes de Fleurs d'après nature, publié par Poilly. In-fol. de 78 pl., demi-rel.

214 **Monstrelet** (Enguerrand de). Les chroniques de France, d'Angleterre, etc. Paris, Jehan Petit et Mich. le Noir, 1512, 3 tomes en 2 vol. petit in-fol. goth., fig. et marque d'impr. *Rare.*

Notes marginales manuscrites. Raccom.

215 **Montesquieu.** Le Temple de Gnide. Rouen, Lemonnyer, 1881, in-8 br., pap. vergé.

Figures d'Eisen et de Le Barbier.

216 **Montfaucon** (D. Bern. de). L'Antiquité expliquée (en franç. et en lat.) et représentée en figures (avec Supplément). Paris, Delaulne, 1719-24. Onze tomes en 9 vol. in-fol. v., *figures.*

217 **Napoléon** (Le Sacre de S. M. l'Empereur) dans l'Eglise métropolit. de Paris, le XI frimaire an XIII, dimanche 2 décembre 1804 (avec des inscriptions en style lapidaire par Petit-Radel, et les descript. des tableaux et explicat. des costumes par Et. Aignan). Paris (Imprimerie impériale), s. d., in-fol. max., fig., demi-rel. maroq. vert ave coins, tête dorée.

Magnifique ouvrage orné de 2 titres et de 37 belles planches dessinées par Isabey, Percier et Fontaine gravées par Massard, Malbeste, Godefroy, Delvaux, Simonet, Ribault, Lavalé, Audouin, Pauquet, Dupréel, Dequevauvilliers, Pigeot, Delignon et Guttenberg.

218 **Napoléon** (Description des cérémonies et des fêtes qui ont eu lieu pour le mariage de S. M. l'empereur), avec S. A. I. Mme l'archiduchesse Marie-Louise d'Autriche, par Ch. Percier et Fontaine. Paris, Didot, 1810; in-fol. max., cart. à la Bradel, 13 pl. au trait.

219 **Napoléon.** Vingt cinq pl. des *Galeries* histor. de Versailles, relat. au 1er Empire, réunies en un album in-fol., demi-maroq. Lavall.

220 **Napoléon** (Vie de), rédigée par une Soc. de gens de lettres sur les nouveaux documents dictés et corrigés à Ste-Hélène par Napoléon même. Bruxelles, 1827; 2 vol. in-4 obl., demi-rel.

Deux portraits et 125 pl. lithographiées par Madou.

221 **Naples** and the Campagna Felice, in a series of letters addressed to a friend in England in 1802. London, Ackermann, 1815; gr. in-8, demi-rel maroq. rou. av. coins, tête dor., dos or.

Dix-huit grav. coloriées, vues, cartes, antiquités, scènes et caricatures par Rowlandson.

222 **Neufforge** (De). Recueil élémentaire d'Architecture. Paris, 1757-76; in-fol. en carton.

Trois cent quarante-cinq feuilles.

223 **Orfèvrerie** anglaise. Catalogue illustré d'Elkington, Mason and Co, de Birmingham et Londres. 1854. In-4, cart. toile.

Portrait de Wellington et 41 pl. lithogr. représentant plus de 100 modèles d'objets de table ou autres.

224 **Ornements.** Arabesques (Nouvelle collection d'), propres à la décoration des appartements, dess. à Rome par Lavallée, Poussin et autres, gr. par Guyot, précédée d'une explicat. par Alex. Le Noir. Paris, s. d., in 4, toile.

40 jolies planches au lavis.

225 **Ovide.** Métamorphoses en lat. et en franc., de la trad. de M. l'abbé Banier, av. des explic. histor. Paris, Despilly et Delormel, 1767-71; 4 vol. in-4, v. porph., tr. dor., dos or.

140 fig., dont 1 frontis., 3 pl. de dédicace, 1 fleuron sur le titre de chaque vol., 30 vig. et 1 superbe cul-de-lampe. Les fig. dessinées par Boucher, Eisen, Gravelot, Leprince, Monnet, Moreau, Parizot et Saint-Gois, sont gravées par Baquoy, Bazan, Binet, Duclos, Lemire, de Longueil, Saint-Aubin et autres. Les vig., fleurons et culs-de-lampe sont de Choffard et Monnet.

226 **Ozanne.** Marine militaire, ou recueil des différens vaisseaux qui servent à la guerre, suivis des manœuvres qui ont le plus de rapport au combat ainsi qu'à l'attaque et la deffense des ports. Paris, chez Jean, s. d. in-4, couv. en pap.

50 planches gravées.

227 **Palissot.** Œuvres. Paris, 1788 ; 4 vol. in-8 v., un portr. et 18 figures.

228 **Panthéon** (Le), ou les figures de la Fable, dess. par M. Gois et gr. par Simon, av. leurs historiques par Sylvain Maréchal. S. l. n. d. In-4 cart.

Vingt gravures.

229 **Paris** (Plan de) commencé l'année 1734, dess. et gravé sous les ordres de Mre Mich. Et. Turgot, achevé en 1739 ; levé et dess. par L. Bretez, gravé en 20 pl. par Cl. Lucas. In-fol. max. v., dos et pl. ornés des armes de la ville et de fleurs de lys.

230 **Paris** (Plan topographique et raisonné de). Ouvrage utile au citoyen et à l'étranger, déd. et présenté à Mgr le duc de Chevreuse, gouverneur de Paris, par les sieurs Pasquier et Denis, graveurs. Paris, 1758, in-8 v. Titre troué et gratté.

Ouvrage entièrement gravé.

231 **Paris** (Journal of a party of pleasure to), in the month of august, 1802. London, 1802 ; in-8, demi-rel., fat.

13 vues à l'aqua-tinte.

232 **Paris** (A new picture of), or the stranger's guide to the French metropolis, also a description of the environs of Paris, by Edw. Planta. London, 1831 ; in-12 maroq. n., avec plan, index et nombr. vues.

Renferme une intéressante et complète série de *Cris de Paris*, pl. coloriées. (28 fig. et le titre).

233 **Paris** (Tour of). London, W. Sams, 1824 ; in-4 obl., demi-rel.

Titre et 21 pl. color., scènes parisiennes très intéressantes pour les mœurs et costumes.

234 **Paris** (Soixante vues des plus beaux palais, monuments et églises de), cathédrales et châteaux de la France, gravés par Couché fils, avec explic. de Lagier de Vaugelas. Paris, Vilquin, s. d., in-8 cart.

235 **Paris** (Nouvelles vues de), par Ph. Benoist et J. Jacottet. Paris, Gihaut, s. d.; in-4 obl., demi-rel.

Titre, plan et 43 litho. teintées.

236 **Paris** (Collection de 26 vues de), prises au daguerréotype, grav. en taille-douce sur acier, par Chamouin. Paris, s. d., in-4 obl., demi-rel.

237 **Paris** actuel. Choix de 26 vues et monuments, dessinés par A. Rouargue. S. d.; in-4 obl., cart. toile.

26 grav. sur acier et un plan.

238 **Paris**. Vues prises au daguerréotype. 28 pièces gravées par Chamouin. S. l. n. d., in-4 obl., cart.

239 **Paris** (Vues des principaux monuments de). S. l. n. d.; in-8 obl., demi-rel., 22 pl. sur chine.

240 **Passio** domini nostri Jesu Christi... S. l. n. d.; 24 grav. sur bois d'Urse Graf, avec titre typogr., en un vol. in-4 v., pl. orfés.

241 (**Peignot**). Histoire d'Hélène Gillet, ou relation d'un événement extraordinaire et tragique, survenu à Dijon dans le XVIIe siècle. Dijon, 1829. — Poésie sur le jugement, supplice et rémission d'Hélène Gillet de Bresse. Gand, 1857. Ensemble 2 vol. in-8, demi-rel. et cart.

Deux autographes ajoutés.

242 **Percier** et Fontaine. Recueil de décorations intérieures, comprenant tout ce qui a rapport à l'ameublement.... Paris, 1812; in-fol. demi-rel. av. coins de cuir de Russie.

Soixante-douze planches au trait. Titre gravé daté 1801.

243 **Perret** (Jacques), Gentilhomme Savoysien. Des fortifications et artifices, architecture et perspective. Paris, 1601. In-fol. v.

20 pl. et le titre gravé par Thomas de Leu, où se voient Henri IV à cheval et le siège de Paris.

244 **Pierres** gravées (Descript. des principales) du cabinet de S. A. S. Mgr. le duc d'Orléans. Paris, 1780; in-fol. cart., mouill. (Tome 1er seul). Figures.

245 **Pierres précieuses** (Traité des) et de la manière de les employer en parure, par Pouget fils. Paris, 1762; in-4 v. Mouill.

Titre et 79 pl.

246 **Piranesi** (Carceri d'invenzione di G. B.). In-fol. cart.

Seize grandes eaux-fortes (y compris titre et frontisp.) représentant des Prisons.

247 **Plans** et de façades (Recueil varié de). Motifs pour des maisons de ville et de campagne, des monumens et des établissemens publics et particuliers. Paris, Gillé, 1815 ; in-fol., demi-rel., 63 pl.

248 **Pluvinel** (Ant. de). L'instruction du Roy en l'exercice de monter à cheval. Paris, 1629 ; in-fol. v., figures.

249 **Pompa funebris** principis Alberti Pii, archiducis Austriæ, etc. Veris imaginibus expressa a Jacobo Francquart. Bruxellæ, 1623 ; in fol. obl., bas. r., dent., dos or., tr. dor. (Reliure ancienne).

Beau recueil où tous les personnages figurés dans les 64 pl. (et le titre), par C. Galle, sont des portraits. Ex. du 1er tirage.

250 **Pouce** et **Marillier**. Les illustres Français ou Tableaux hist. des grands hommes de la France. Paris, s. d. ; in-fol. v.

Quarante-neuf pl.

251 **Portraits**. Teste scelte di personnaggi illustri in lettere, e in armi, dipinte nel Vaticano, da Rafaello d'Urbino et da altri. Rome, 1763 ; in-fol., demi-rel.

Tomes IV et V renfermant 72 portraits gravés.

252 **Portugal**. Murphy (J.). A general View of the state of Portugal. Londres, 1798 ; in-4, v. rou., fil. et dent. sur les pl., dos or.

Seize planches, dont plusieurs, très curieuses, montrent des courses de taureaux.

253 **Portugal** et **Espagne** (Esquisse du pays, du caractère et du costume en), prises pendant la campagne et durant la marche de l'armée angloise en 1808 et 1809, gravées et colorées d'apr. les desseins du Rév. Guill. Bradford. London ; in-fol., demi-maroq. vert avec coins ; texte angl. et franç. Raccommodages.

Trente-neuf gravures coloriées.

254 **Poudre à canon** (Traité de l'art de fabriquer la), par Bottée et Riffault. Paris, Leblanc, 1811 ; deux vol. in-4, dont un atlas oblong renfermant 40 pl. au trait, rel. en maroq. vert, tr. dor. Aux armes d'un personnage de la Noblesse du 1er Empire.

255 **Protestantisme.** Fritz Vogel oder stirb! Das ist ein wegen dem wichtigen Glaubens-Articul desz Christenthums von der wahren Kirchen mit allen uncatholischen Prædicanten scharff vorgenommenes Kramen und Tortur...., durch J. N. Weislinger. Strasbourg, 1726; fort vol. in-8 vél., figures.

Ex-libris B.-A.-X. du Conte, chanoine de Strasbourg.

256 **Quatremère de Quincy**. Dictionnaire histor. d'architecture. Paris, Leclerc, 1832; 2 vol. in-4. – **Du même**. Monuments et ouvrages d'art antiques restitués d'après les descriptions. Paris, Renouard, 1829; 2 tom. en 1 vol. gr. in-4, fig. Ensemble 3 vol. demi-v. f. av. coins.

257 **Raffet.** Voyage dans la Russie méridionale et la Crimée, par la Hongrie, la Valachie et la Moldavie, exécuté en 1837 par M. Anatole de Demidoff. Edit. illust. de 64 dessins par Raffet. Dédié à S. M. Nicolas Ier, empereur de toutes les Russies. Paris, Bourdin, 1840; gr. in-8, maroq. rou., tr. dor., dos et pl. ornés.

Superbe exemplaire.

258 **Raphael**. Picturæ peristyli Vaticani, manus Raphaelis Sanci. Rome, 1790; in-4 obl. cart. 52 pl. et un frontisp.

259 **Redouté.** Choix de 40 roses, grav. en couleur. In-4 en cart.

260 **Redouté.** Choix de 135 roses. In-fol., gr. en couleur. En portefeuille.

261 **Reliure** (La) ancienne et moderne. Recueil de 116 pl. de reliures artistiques des XVIe, XVIIe, XVIIIe et XIXe siècles, ayant appartenu à Grolier, Henri II, François Ier, etc., exécutées par Le Gascon, Clovis et Nic. Eve, Bauzonnet, Belz Niédrée, etc. Introd. par G. Brunet, accomp. d'une table explic., avec notice descript. de 31 reliures des plus remarquables. Paris, Rouveyre, 1884, in-4 br., couverture.

Un des 50 exempl. sur *papier de Chine*.

262 **Reliure.** Ædes Barberinæ ad Quirinalem a comite Hieronymo Tetio Pervsino descriptæ. Romæ, 1642, in-fol., maroq. rou., tr. dor. (le premier plat détaché). Nombreuses et curieuses planches.

Superbe reliure ancienne aux armes des Colonna et Barberini, à filets, compart. et dent. aux petits fers, dos orné.

263 **Rétif de la Bretonne.** Le Paysan et la Paysanne pervertis. La Haye, 1776-84. Explicat. des figures. Neuf vol. in 8, demi-rel., nombr. figures.

264 **Réveil.** Œuvres de Ingres gravées au trait sur acier. Paris, Didot, 1851, in-4 dérelié, 102 planches.

265 **Revue des 2 Mondes.** 1831, janvier, février, 15 juillet, 15 septembre, 15 novembre. 1835, 15 avril, 15 mai, 1er et 15 août, 1er et 15 novembre, 15 décembre. 1837, 15 septembre, 1er et 15 octobre, 15 novembre.

266 **Rhein** (Denkmale der Baukunst von 7 bis zum 13e Jahrhundert am Nieder), herausgegeben von Sulpiz Boisserée. Munchen, 1833, in fol., demi-maroq. vert, av. coins, 70 lithogr. sur chine et une chromolitho.

267 **Rhine** (A picturesque tour along the), from Mentz to Cologne, with illustrations of the scenes of remarkable events, and of popular traditions, by J.-J. von Gerning. London, Ackerman, 1820, grand in-4, demi-maroq. gr. av. coins, tête dor.

24 jolies vues et une carte coloriées.

268 **Richard** (Jules). En Campagne, tableaux et dessins de Neuville et Detaille. Paris, Boussod et Valadon, in-fol., percal. rouge, fig.

269 **Rivières** de France. Turner. Rivers of France. London, s. d., in-4, cart. toile.

Figures sur acier.

270 **Rosset.** L'Agriculture, poëme. Paris, Imp. royale, 1774, in-4, veau, fig. et vignettes gravées.

271 **Rowlandson.** The expedition of Humphrey Clinker, by Tob. Smollet. London, Symonds, 1793 ; 2 tomes en un vol. in-8, rel. maroq. citron (Renard), fil., dos ornés, tr. dor. sur marbre.

Neuf figures (au lieu de dix).

272 **Russie** (Les Peuples de la), ou description des mœurs, usages et costumes des diverses nations de l'Empire de Russie, accomp. de figures coloriées. Paris, Colas, 1812-13 ; 2 tomes en 1 vol. in-fol., demi-chag. rou.

Orné de 96 belles gravures en couleur.

273 **Russians** (A picturesque representation of the manners, customs, and amusements of the), by Atkinson and Walker. London, 1803 1804 ; 3 part. en 1 vol. in-fol. maroq. vert, tr. dor. Texte angl. et français.

Portrait et nombr. gravures coloriées.

274 **Russie.** The world in miniature, edited by Fréd. Shoberl : Russia, being a descript. of the character, manners, customs, dress... of the different nations inhabiting the Russian Empire. London, Ackermann, s. d. (1822) ; 4 tomes en 2 vol. in-12, demi-rel. avec coins de cuir de Russie, tr. dor.

72 grav. coloriées.

275 **Sacre** (Le) de Louis XV, roy de France et de Navarre, dans l'église de Reims, le dimanche XXV octobre 1722. Grand in-fol. v., dos orné, figures.

Bel exemplaire de ce magnifique ouvrage entièrement gravé.

276 **Sacre** de S. M. Charles X, dans la métropole de Reims, le 29 mai 1825. Paris. In-fol. demi-rel.

Exempl. avec le titre bleu. Litho. d'après Victor Adam.

277 **Sadeler.** Solitvdo sive vitæ patrvm Eremicolarum. S. l. n. d. (fin du XVIe siècle). In-4 obl., demi-chag. grenat avec coins.

89 pl., représentant des Hermites, grav. par J. et R. Sadeler ; Martin de Vos figuravit. Bel exemplaire.

278 **St-Bruno** (La Vie de), peinte par Eust. Le Sueur, gravée par Fr. Chauveau. Paris, Cousinet, s. d. ; in-fol. vél.

Titre, dédic. et 22 pl.

279 **Ste-Elisabeth** de Hongrie (The chronicle of the life of), dutchess of Thuringia, written in french by the count of Montalembert, translated by Ambr. Lisle Phillipps. London, 1839 ; in-4 demi-rel., figures ; titre fac-sim. de manuscrit, col. (Tout ce qui a paru).

280 **St-Petersburgh** (A picture of) represented in a collection of twenty interesting views. London, s. d. (1815) ; in-fol., demi-rel. av. coins.

Vingt grav. coloriées dont 8 représentent des voitures.

281 **Saunier** (G. de). La parfaite connaissance des chevaux. La Haye, Moetjens, 1734 ; in-fol. cart., titre fatigué. Figures.

282 **Scheuchzeri** (J.-J.). Physica sacra, iconibus æneis illustrata procurante et sumtus suppeditante J.-A. Pfeffel. Aug. Vindel. et Ulmæ, 1731-35 ; 4 vol. in-fol. v., tr. dor., figures.

283 **Sculpture.** Album de 18 pl. en chromolithographie représ. des objets d'art en marbre, bronze, terre-cuite, ivoire et bois, édité par Waring, avec texte illustré. London, s. d. ; in-fol., rel. toile.

284 **Seine.** Sauvan. Description de 24 vues prises le long de la Seine depuis Paris jusqu'à la mer, accomp. d'une carte, extr. de l'ouvr. anglais intitulé : Voyage pittor. sur les rives de la Seine. Londres, Ackermann, 1821 ; in-4, cart. spéc.

Vingt-quatre belles grandes vues, plus 2 petites et une carte coloriées.

285 **Seine.** Viage pintoresco por las orillas del Sena, desde Paris hasta el mar, con una introduccion historica, por J. J. de Mora. Londres, Ackermann, 1826 ; in-4 demi-rel.

Edition espagnole de l'ouvrage de **Sauvan** : *Picturesque Tour of the Seine.* Vingt-quatre belles estampes en couleur, plus deux dans le texte.

286 **Shakespeare** (The national). A fac-simile of the text of the first folio of 1623, illustrated by J. Noël Paton. R. S. A. London, W. Mackenzie, s. d.; 3 vol. in fol., rel. spéciale en maroq. vert, papier vergé.

287 **Siècle de Napoléon**, galerie des illustrations de l'Empire. Paris, 1846, in-4, cart. de l'éditeur, 25 portr. en pied dessinés par Philippoteaux et color.

288 **Siège** de Rome. Atlante generale dell' assedio di Roma avvenuto nel giugno 1849, avec chronologie par de Cuppis. Roma, 1849 ; in-fol. obl., br., couvert.

6 pages de texte, 2 cartes et 14 lithographies.

289 **Siège** moderne (Le), par Eug. Prignot, architecte-décorateur. Liège, Claesen, 1885 ; in-fol., demi-rel.

25 pl. et le titre litho. teintées. Manque la pl. 3.

290 **Sketches** in London, by J. Grant. London, Orr, 1840; in-8 cart. toile, fatig.

Le frontispice est celui de la 1re édit., 1838. Vingt-deux illustrations (au lieu de 24) par Phiz et autres.

291 **Solis** (Virgil). Biblische figuren des Alten Testaments. — Biblische figuren des Newen Testaments. Francfort-s.-Mein, 1565. In-4 obl., demi-rel. Rare.

La première suite contient 102 gravures sur bois sur 51 feuilles ; la seconde 112. — 2 Ex-libris.

292 **SPORT.** La petite Vénerie, ou la chasse au chien, par Ad. d'Houdetot. Paris, Charpentier, 1855 ; in-8 br., dessin d'Horace Vernet, gravé par Pauquet.

293 — **Aubert** (A.). Equitation des Dames. Paris, 1842 ; in-8 br., n. rog., couvert., mouill.

20 pl. lithogr. par H. de Montpezat.

294 — **Cocher** (Le Parfait), ou l'art d'entretenir et de conduire un équipage à Paris et en campagne, av. une instruction aux cochers sur les chevaux de carrosse. Paris, Merigot, 1744 ; 3 part. en 1 vol. in-12 v., frontisp. de Fessard.

295 — (**Delisle** de Sales). Dictionnaire théorique et pratique de Chasse et de Pesche. Paris, Musier, 1769, 2 vol. in-8 br., n. rog.

295 *bis.* — *Le même*, vignettes sur les titres, rel. veau.

296 — **La Vallée** (J.). La Chasse à tir en France. Paris. Hachette, 1855 ; in-12 demi-chag. vert.

Trente vignettes sur bois par Grenier.

297 — **Guillet**. Les arts de l'homme d'épée, ou le dictionnaire du gentilhomme, div. en 3 part. : L'art de monter à cheval, l'art militaire, l'art de la navigation. La Haye, 1686 ; in-12 v., 3 fig.

298 — **Natation**. Thévenot. L'art de nager. Paris, 1782 ; 22 figures. — Bachstrom. L'art de nager. Amsterdam, 1741 ; fig. Ensemble 2 vol. in-12 br., n. r.

299 — **Danet**. L'art des armes, ou la manière la plus certaine de se servir utilement de l'épée. Paris, Hérissant, 1766, in-8 v.

Trente-trois planches doubles, un portrait et un frontispice, gravés par Taraval.

300 **Stahl** et **Musset**. Voyage où il vous plaira. Paris, Hetzel, 1843, gr. in-8, demi-chag. rouge, n. rogné, dérelié, vig. de T. Johannot.

Exemplaire de 1er tirage, bien complet.

301 **Strasbourg** (Vues pittor. de la cathédr. de) et détails remarq. de ce monument, dess., lith. et pub. par Chapuy, av. texte histor. et descript. par Schweighæuser. Strasb., Levrault, 1827 ; in fol. maroq. bleu, tr. dor., fil., mors en maroq., plats intér. et gardes soie. Fleurs de lis au dos et aux angles. Bel exempl.

Quinze planches sur chine.

302 **Switzerland**, as now divided into nineteen cantons, with picturesque representations of the dress and manners of the Swiss, by A. Yosy. London, Booth, 1815 ; 2 vol. gr. in-8, demi-rel. maroq. long gr. bleu.

Cinquante planches de costumes en couleur.

303 **Switzerland**, by W. Beattie, illustrated by W.-H. Bartlett. London, Virtue, 1836 ; 2 vol. in-4, maroq. vert, tr. dor., figures.

304 **Syntax** (The tour of Doctor) in search of the picturesque, a poem. London, Ackermann, 1815 ; in-8, demi-rel.

Vingt-neuf planches, un titre et un frontispice en couleur, par Rowlandson.

305 **Syntax** (Doctor) in Paris, or a Tour in search of the grotesque. London, Wright, 1820. — The second Tour of Dr Syntax in search of consolation. London, Ackerman, 1820. — The Tour of Dr Prosody, in search of the antique and picturesque... London, Matthew Iley, 1821. Ensemble 3 vol. in-8, demi-rel. av. coins. Figures coloriées, par Williams et Rowlandson.

306 **Tableaux** de l'Histoire Romaine ; ouvrage posthume, abrégé de Millot, par lui-même. Paris, an 4, 1796 ; in fol. cart.

47 pl. *av. l. l.* par Gaucher, Aveline, etc., d'après de St-Aubin et Gravelot.

307 **Tasse** (Le). La Gerusalemme liberata, figurata da Bern. Castello. Genova, 1617 ; pet. in-fol. vél., figures.

Cette édit. renferme les mêmes notes que celle de 1590.

308 **Tasse.** Suite d'un frontispice et de 40 pl. grav. par divers, d'après Cochin, pour illustrer la Jérusalem délivrée. In-4 cart.

Belles épreuves à toutes marges.

309 **Taylor** et **Nodier.** La Normandie (voyage dans l'ancienne France). Paris, Didot, 1825, 2 vol. in-folio, demi-chag. rouge, 232 pl. s. chine, complet.

310 **Téniers** (D.). Theatrum pictorium. Antverpiæ, 1689; in-fol. vél., 245 pl.

Manquent les pl. 110 à 124.

311 **Testament** (Historiæ Biblicæ)... exhib. à J. Klauber fratribus. Augsbourg, 1748; in-4 obl. vél., 100 pl.

312 **Testament** (Le Nouveau) en latin et en français, trad. par Sacy. Paris. Didot et Saugrain, 1793; 5 vol. gr. in-8, demi-rel. ébarbés.

110 figures d'après Moreau.

313 **Testament** (Nouveau) de N. S. Jésus Christ, trad. en franç. par Le Maistre de Saci. Nouv. édit. ornée de 96 fig. (avec la tablette blanche), gr. sous la dir. de M. Ponce, d'après les dessins de MM. Marillier et Monsiau. Paris, Gay, Ponce et Belin, an VIII; 3 vol. in-4 br., n. rog.

OUVRAGES SUR LE THÉATRE

314 **Corneille.** Théâtre choisi, av. une not. par Poujoulat. Tours, 1880; gr. in-8, demi-chag. rou av. coins, tête dor.

25 sujets et un portrait à l'eau-forte; compositions de Barrias et Fouquier.

315 **Costumes** de tous les théâtres de Paris (publ. par Vizentini). Recueil de 370 pl. coloriées, (lith. de Engelmann), en 2 vol. gr. in-8, demi-rel.

316 **Crébillon.** Œuvres complètes. Paris, 1785, 3 vol. in-8, v. porph. Un portr. et 9 fig. de Marillier.

317 **Crébillon.** Œuvres. Paris, Didot et Maillard, an IV, 1797, 2 vol., figures de Peyron, par Le Mire, Baquoy, Patas, etc.

318 (**Dorat**). La déclamation théâtrale, poème didactique. Paris, Delalain, 1771, in-8 br., non rog. Exempl. en grand papier, 4 fig. avant la lettre.

319 (**Dorat**). La déclamation théâtrale, poème, précédé d'un discours. Paris, Séb. Jorry, 1766, 3 fig. et un frontisp. d'Eisen, par De Ghendt. — La Danse (chant quatrième); 1767. Une fig. par les mêmes. En 1 v. in-8.

320 **Fontaine** (La) de Jouvence. Ballet. Divisé en deux parties. Paris, 1643, in-4 de 23 p., br.

Bel exempl. de cette rariss. broch.

321 **Fournier** (Ed.). Le théâtre français avant la Renaissance (1450-1550); mystères, moralités et farces. Paris, s. d., gr. in-8, br. couvert.

Portraits en pied coloriés, dessins de Maurice Sand, Allouard et Adrien Marie.

322 **Galerie** dramatique, ou acteurs et actrices célèbres qui se sont illustrés sur les trois grands théâtres de Paris. Paris, Hocquart, 1809, 2 vol. pet. in-8, cart., n. rog.

60 portraits.

322 *bis* — *Le même*, broché.

323 **Galerie** théâtrale. Collection de 144 portraits en pied des principaux acteurs et actrices qui ont illustré la scène française, depuis 1552 jusqu'à nos jours. Paris, Barraud, 1873, 2 vol. in-4, maroq. Lavall., dent. sur les pl., tr. dor. (Impr. à 99 exempl.)

Superbe exempl. ; 144 pl. finement coloriées. Illustrations à l'eau-forte dans le texte.

324 **Idées** sur le geste et l'action théâtr. par Engel. Paris, 1795, 2 vol. in-8 br., n. rog.

Avec 34 pl. finement grav. à l'eau-forte par Copia.

325 **La Grange** (Registre de), 1658-1685, précédé d'une notice biogr. Publ. par les soins de la Comédie française. Paris (1876), in-4, br. couvert., pap. vergé. Port. par Hillemacher.

326 **Lenardo** und Blandine, ein melodram nach Bürger in 160 leidenschaftlichen entwürfen. S. l., 1783, in-4, cart.

Recueil de 160 gravures à l'eau-forte de J.-F. von Gotz.

327 **Marionnettes** (Théâtre des). Paris, Charpentier, 1880, gr. in-8, br. couvert.

Texte et dessins *coloriés* par Duranty.

328 **Masques** et Bouffons (Comédie italienne). Texte et dessins par Maurice Sand ; gravures par Manceau. Préface par George Sand. Paris, M. Lévy, 1860, 2 vol. in-4, demi-ch. rou., pl. toile, tr. dor.

Nombreuses planches coloriées.

329 **Mercier**. Théâtre complet. Amst. et Leide, 1778, 3 vol. in-8 br., n. rog., figures.

330 **Pougin** (A.). Dictionnaire histor. et pitt. du théâtre. Paris, Didot, 1885, gr. in-8, demi-rel. avec coins chag. rou., tête dor.

350 grav. et 8 chromolith.

331 **Racine** (Jean). Œuvres complètes. Paris, Didot, 1796 ; 4 vol. gr. in-8 v. f., tr. dor., portrait et 10 fig. de Lebarbier.

332 **Racine**. Œuvres. Paris, 1760 ; 3 vol. in-4 v. marb. ; un portrait et 12 fig. de De Sève.

333 **Recherches** sur les costumes et sur les théâtres de toutes les nations tant anc. que mod. Paris, Drouhin, 1790 ; 2 vol. in-4 cart. non rognés.

Estampes *en couleur* et au lavis dess. par Chéry et gravées par Alix.

334 **Recueil** de 5 pièces en 1 vol. in-8 rel. en maroq. rou., fil., dos or., tr. dor., dent. intér. (Allo), avec 2 ex-libris.

Beaumarchais. Eugénie. Paris, 1767 ; 5 fig. de Gravelot. — Fenouillot de Falbaire. L'honnête criminel. Paris, 1766 ; 5 fig. de Gravelot. — Favart. Les moissonneurs. Paris, 1768 ; musique. — Charlot, ou la comtesse de Givri. Paris, 1767. — Barthe. Les fausses infidélités. Paris, 1768.

335 **Regnard**. Œuvres. Paris, Impr. de Monsieur, 1789-90, 4 vol. in-8 v., tr. dor., portr. et 6 fig. de Moreau.

336 **Riccoboni**. Histoire du Théâtre Italien. Paris, 1728 ; in-8 v. f., rel. anc.

Titre et 18 pl. par Joullain.

337 **Riccoboni** (L.). Histoire du théâtre italien. Paris, Cailleau, 1730-31 ; 2 vol. in-8 v. f.

Double frontisp., une planche repliée (décor) et 18 pl. par Joullain.

338 **Saint-Marc** (Œuvres de). Paris, Impr. de Monsieur, 1785 ; 2 vol. in-8 cart., n. rog., portr. et vignettes, plus 2 fig. de Moreau et Cochin.

339 **Théâtre** de campagne, ou recueil de parades les plus amusantes... Paris, 1767, in-8, demi-rel. maroq. rou., av. coins, tête dor., musique gravée, en-têtes.

Théâtre poissard, scatologique. Rare.

340 **Théâtres** (Petite Bibliothèque des) conten. un recueil des meilleures pièces du Théâtre françois, tragique, comique, lyrique et bouffon, depuis l'origine des spectacles en France jusqu'à nos jours. Paris, 1784..., 31 vol. in-18 maroq. rou., fil., tr. dor., dos or. Portraits et musique grav.

341 **MOLIÈRE** (Le théâtre de J.-B. Poquelin de), collationné minutieusement sur les premières édit. et sur celles des années 1666, 1674 et 1682. Lyon, Scheuring, 1864-70. Neuf vol. (y compris la Galerie) in-8, maroq. rou., fil., dos or., tr. dor., dent. intér. (Auguste-Petit), pap. vergé. Figures par Hillemacher et suite de Lemerre, d'après Boucher.

Superbe exempl. dans 3 custodes également en maroq. rouge.

342 — **Mélicerte**, comédie pastorale héroïque. Amst., Jacques le Jeune, 1684 ; in-18 de 32 p. vél., front.

343 — **L'Estourdy** ov les contre-temps, comédie représentée sur le théâtre du Palais royal. Paris, Gabr. Quinet, 1663 ; in-12, maroq. rou. jans., plats intér, et mors en maroq., large dentelle, tr. dor. (Chambolle).

344 — (Almanach de tout le monde, conten. l'hist. de la vie populaire de), par H. Lucas. Paris, Tresse, 1844 ; petit in-8, demi chag., av. couvert., taches. Figures.

345 — et Scribe, par F. d'Espagny. Paris, 1865. — Le malade imaginaire, comédie. Paris, 1873. — La fameuse comédienne ou histoire de la Guérin, auparav. femme et veuve de Molière, réimpr. (1688) par J. Bonnassies. Paris, 1870. Ens. 3 ouvr. in-8, cart. Bradel, figures.

346 — (Le roman de), suivi de fragments sur sa vie privée, par Ed. Fournier. Paris, Dentu, 1863 ; pet. in-8, rel. toile.

347 — (Les comédiennes de), par Ars. Houssaye. Paris, Dentu, 1879 ; in-8 br., pap. vergé, couv. portraits par Hanriot et Lalauze.

348 — (La relique de) du cabinet du baron Vivant Denon, par Ulr.-Rich. Desaix. Paris, 1880 ; gr. in-8 br., portr.

349 — (Receptio pvblica vnivs jvvenis medici in academia bvrlesca Joannis Baptistae), doctoris comici. Lugduni, Perrin et Marinel, 1870 ; gr. in-8, pap. vergé, d.-r. ; fig.

350 — et la Comédie italienne, par L. Moland. Paris, 1867. In-8, cart. Bradel. Figures.

351 — (Galerie histor. des portraits des comédiens de la troupe de). Lyon, Scheuring, 1869 ; in-8 demi-maroq. Lavall., pap. vergé. Nombreuses eaux-fortes par Hillemacher.

352 — (La véritable édition originale des œuvres de), étude bibliographique par P. L. Jacob. Paris, Fontaine, 1874 ; in-8 demi-rel., pap. vergé, couvert.

353 — (Corneille, Racine et). Deux cours sur la poésie dramat. au XVIIe siècle, par Eug. Rambert. Lausanne, 1861. — Molière et Bourdaloue, par L. Veuillot. — H. de Lapommeraye. Molière et Bossuet, réponse à Veuillot. Paris, 1877. Ensemble 3 ouvr. en 2 vol. in-8 cart. Bradel.

354 — (Documents inéd. sur J.-B. Poquelin), par Em. Campardon. Paris. Plon, 1871. — H. de Lapommeraye. Les amours de Molière. Paris, Jouaust, 1873. — Molière poète et médecin, étude au point de vue médical par Brown, trad. par Lennox. Bruxelles, 1877. — L'ombre de Molière, 44 pp. ; s. l. n. d. — Un compte-rendu des Précieuses ridicules. Paris, Baur, 1879 (sur l'impr. de 1660). Ensemble 5 plaq. in-8 cart. Bradel.

355 — (Les intrigues de) et celles de sa femme, av. préf. et notes par Livet. — Les points obscurs de la vie de Molière, par Loiseleur. Paris, Liseux, 1877 ; 2 vol. in-8 br., pap. vergé.

356 — et sa troupe, par Soleirol. Paris, l'auteur, 1858 ; gr. in-8 br., couvert., avec 5 portr.

356 *bis*. — *Le même*, cart. Bradel, 6 portr.

357 — jugé par ses contemporains, av. notice par A. P.-Malassis. — La vie de M. de Molière. — Elomire hypocondre, comédie, av. notice sur les ennemis de Molière, par Livet. — Les intrigues de Molière et celles de sa femme. Paris, Liseux, 1876-78 ; 4 vol. in-12 br., pap. vergé.

358 — en province. Etude s. sa troupe ambulante, par B. Pifteau. Paris, Willem, 1879. In-8 br., portr. et 4 eaux-fortes. — Emm. Raymond. Histoire des pérégrinations de Molière dans le Languedoc. Paris, Dubuisson, 1858 ; in-8 cart. Bradel. Ensemble 2 vol.

359 — (Recherches sur) et sur sa famille, par Eud. Soulié. Paris, 1863. — L'abbé d'Allainval. Mémoires sur Molière et sur Mme Guérin, sa veuve. Paris, 1822. Deux vol. in-8 demi-rel. toile.

360 — (Histoire de la vie et des ouvrages de), par J. Taschereau. Paris, Ponthieu, 1825 ; portr. et fac-simile. — Bazin. Notes histor. sur la vie de Molière. Paris, Techener ; 1851. Ensemble 2 vol. in-8, demi-rel.

361 — (La vie de M. de), par Le Gallois, sieur de Grimarest. Paris, J. Le Febvre, 1705, in-8 v., portr. — Le même, édit. différ. sous la même date. In-12, demi-rel. Ensemble 2 vol.

362 — (Histoire de la vie et des ouvr. de) par Taschereau. Paris, Hetzel, 1844, in-8 br. — La vie de M. de Molière, par Gallois, sieur de Grimarest (1705), réimpr. av. notice par A. P.-Malassis. Paris, Liseux, 1877. In-12 br. Ensemble 2 ouvr.

363 — (L'esprit de). Londres et Paris, 1777, 3 vol. in-12, v.

364 — (Poésies div. attrib. à , rec. et publ. par P.-L. Jacob. Paris, Lemerre, 1869. — L'amour médecin, réimpress. sur l'édit. orig. par Lacour. Paris, Jouaust, 1866. — Molière-Lully. Le mariage forcé ou le ballet du roi, nouv. édit. publ. par L. Celler. Paris, 1867. Ensemble 3 vol. in-8 br.

365 — (Nouvelles pièces sur) et sur quelques comédiens de sa troupe, rec. et publ. par Em. Campardon. Paris, 1876. — Fournier. La fille de Molière, 1863. — Du même. La valise de Molière ; 1868. Ens. 3 ouvr. en 2 vol. rel. et br.

366 — (Les Œuvres de Monsieur de). Paris, Denis Thierry, Cl. Barbin et P. Trabouillet, 1681, 2 tomes en un vol. in-12 vél.

367 — (Œuvres de Monsieur de). Paris, D. Thierry et Cl. Barbin, 1697. Huit vol. in-8 v., figures.

Les tomes 7 et 8 sont de l'édit. de 1682.

368 — (Pièces de théâtre sur). Deux vol in-8, cart. Bradel. Recueil factice de 16 pièces.

369 — (Œuvres de). Paris, David, 1749, huit vol. in-12 v., portrait et fig. de Boucher, par Fessard.

370 — (Œuvres compl. de), précéd. d'une introd. par J. Janin. Paris, 1875, gr. in-8, demi-chag. rou., portraits en pied coloriés.

371 — (Œuvres de). Paris, Vve Piget, 1749 ; huit tomes en 4 vol. in-12 v., portr. et figures par Fessard, d'après Boucher.

372 — (Œuvres de). Nouv. édit. Amst. et Leipzig, 1750 ; 4 vol. in-12, cart. ébarbés, figures.

373 — (Œuvres de), av. un commentaire histor. et littér., par Petitot. Paris, 1721 ; 6 vol. in-8, bas. rac., figures.

374 — (Œuvres compl. de). Paris, 1826 ; in-8 ; demi-rel. 30 vignettes de Devéria, par Thompson.

375 — (Œuvres de), av. des notes de tous les commentateurs. Paris, Didot, 1849 ; 2 vol. in-8, demi-chag. vert, portr.

376 — (Œuvres de), précéd. d'une notice sur sa vie et ses ouvrages, par Ste-Beuve. Paris, Lecou, 1854 ; gr. in-8, demi-rel., pl. toile, tr. dor., figures de Johannot.

377 — Nouvelle collection molièresque. Réimpress. des édit. orig. publ. par L. Lacour et édit. par Jouaust. Paris, 1871-80 ; 25 vol. pet. in-8, pap. vergé, fig.

378 — Œuvres. Nouv. édit. Paris, 1734 ; 6 vol. in-4, v. f., 1 portrait et 33 fig. de Boucher.

379 — Dictionnaire de morale et de littérature. Paris, 1838 ; in-8, demi-chag. rou., portr.

380 **Gérard du Boulan** L'énigme d'Alceste. Paris, Quantin, 1879; in-8 br., portrait.

381 **Stapfer.** Petite comédie de la critique littér., ou Molière selon trois écoles philosophiques. Paris, 1866; in-8, demi-rel. toile.

382 **Bibliographie** moliéresque, par le bibliophile Jacob (Paul Lacroix). Turin, Gay, 1872; in-8, demi-maroq. Lavall., tête dor.

382 *bis* *Le même*, 2e édit. Paris, Aug. Fontaine, 1875; in-8, demi-chag. vert, portr.

383 **Réimpressions** textuelles et intégrales des édit. orig. publ. par Gay et fils. Baur et Claudin, 1868-78, 13 vol. in-12, br., couvert.

---

384 **Thoumas** (Gal). Autour du drapeau tricolore 1789-1889. Paris, Levasseur, gr. in-8, cart. percal. rouge, tr. dor.

385 **Titien** et Véronèse (Œuvres choisies de), dess. et grav. par Valentin Le Febre; 1682, in-fol. v.

50 planches.

386 **Topffer.** Voyage à Venise, 1842. — Voyage à Milan, 1833. — Excursion dans les Alpes, 1833. Ensemble, 3 albums in-4 obl. cart., publiés à Genève, autographiés et illustrés.

387 **Turpin de Crissé.** Souvenirs du golfe de Naples, recueillis en 1808, 1818 et 1824, dédiés à S. A. R. Madame la duchesse de Berry. Paris, 1828; in-fol., demi-rel., fig.

37 gravures, 2 cartes et 10 vignettes.

388 **Types anglais** et types français dess. de T. Johannot, Monnier, Gavarni, etc. 2 vol. in-4 oblong brochés, couv. de l'éditeur.

389 **Van Lochon.** Septem Ecclesiæ Sacramenta. Paris, 1644; sept pl. et un titre in 8.

390 **Van Meteren.** Historia Belgica nostri potissimum temporis Belgii sub quatuor Burgundis et totidem Aus-

triacis.... S. l. n. d. — *Du même.* Belli civilis in Belgio per quadraginta.... S. l., 1610; frontisp. En un vol. in-fol. v.

Le premier ouvr. contient un frontispice, une carte et 22 port.

391 **Versailles** (Statues, groupes, fontaines, thermes, vases et autres ornements de). La Haye, 1723; in-4, v., frontisp. et 228 grav. de Thomassin.

392 **Voltaire.** La Pucelle d'Orléans. Poëme divisé en vingt chants, avec des Notes. S. l., 1771; in-8, v., 20 figures.

393 **Vos** (Martin de). Hermites, 26 pl. — Le Paradis et l'Enfer, 22 pl. — Tardieu. Sujets religieux, 25 pl. Ensemble 3 albums br.

394 **Vriedmann** de Vriese. Recueil de 63 pl. de tombeaux, portes, fenêtres, portails, fontaines, dômes, colonnades, puits et cheminées. In-4 cart.

395 **Vries** (S. de). De Noordsche Wereld; vertoond in twee nieuwe, aenmercklijcke, derwaerts gedaene Reysen: d'eene, van de heer Martinière; d'andere, van de Hamburger Fred. Martens, in't Jaer 1671. Amsterdam, 1685, in-4 demi-reliure. Rare.

De curieuses figures illustrent cette importante narration de deux voyages aux pays du pôle nord.

396 **Vues.** Aveline et Perelle. Album in-fol. obl. demi-rel., conten. 100 vues de Paris, Choisy, Meudon, Versailles, St-Cloud, Fontainebleau. Piq. et raccom.

Palais, Monuments, Fontaines, Jardins.

397 **Vues de l'Amérique** septentrionale et des Indes occidentales (Recueil de), gravées d'après les desseins pris sur les lieux par différens officiers des troupes et de la marine angloises. London, 1768; in-fol. v. Ex-libris.

Bel exemplaire de cet album précieux et rare, qui renferme 41 pl. de vues à personnages, batailles navales, etc. La table n'indique que 28 pl.; 13 sont donc ajoutées.

398 **Vues** d'Amsterdam par Schenck. In-4 obl. br.

Cent vues gravées.

399 **Vues** pittoresques et perspectives des salles du Musée des monuments françois et des principaux ouvrages d'architecture, de sculpture et de peinture sur verre qu'elles renferment, gravées au burin en vingt estampes

par Réville et Lavallée, d'après les dessins de Vauzelle, avec un texte explicatif par B. de Roquefort. Paris, Didot, 1816; in-fol. max., demi-chagr. vert, fig.

400 **Warwickshire**, being a concise topographical description of the different towns and village in the county of Warwick..., by W. Dugdale. Coventry, 1817; fort vol. in-8 cart., figures.

401 **Wellington** (Campaigns of field-marshal his grace, the most noble Arthur, duke of). Paris, Didot, s. d. (1817), in-fol. v., rel. fat., taches. Texte anglais-français.

24 planches et un portrait équestre par Duplessis-Bertaux.

402 **Lettres inédites de l'abbé de Chaulieu**, précédées d'une notice par M. le marquis de Berenger. *Paris, Comon*, 1850 ; in-8 broché de 164 pages, non rogné.

Deux cent soixante-dix exemplaires.

403 — Sous ce numéro, il sera vendu un fort lot de partitions et morceaux de *musique ancienne et moderne.*

ESTAMPES

ADAM (Victor)

1 — Pages historiques, — Garde nationale, — La Grande Armée, — La jeune Armée, etc. Lithographies à plusieurs sujets sur la feuille. 12

2 — Croquades. Suite complète de lithographies numérotées. Couverture. 24

3 — Scènes militaires. Paris, Delpech, 182?. Suite complète de lithographies dans la couverture de publication. 6

4 — Cent Jours de la vie d'un Grand Homme, avec les portraits de la Famille impériale. Album publié par J. Bourmancé. Suite complète avec la couverture. 7

5 — Promenades dans Paris, 1830. Suite complète, dans la couverture de publication. 12

6 — Promenades dans Paris. Pièces détachées, en noir et coloriées. 10

7 — Fêtes des environs de Paris. Lithographies. 8

8 — Voitures de Paris. Réunion intéressante à 2 sujets sur la feuille. 8

ADRESSES

9 — *Delaunois*, imprimeur lithographe, à Paris. Jolie adresse trompe-l'œil lithographiée.

10 — A la *Sphère royale*. N. de Fer, géographe de Sa Majesté, à Paris, dans l'isle du Palais, 1703. In-fol. Rare.

11 — Coëffure aux charmes de la Liberté. Se trouve à Paris, chez *Depain*, coeffeur de dames et auteur de cette coeffure, rue St-Honoré, au Grand Balcon. A. P. D. R. Jolie adresse in-4 coloriée. Marge.

12 — Adresses de Londres, publiées en 1809 par Ackermann. Drapiers, orfèvres, marchands de verreries, porcelaines, ameublements, etc. Curieuses pièces en couleur, peu communes. 5

13 — Hôtel Royal à Chamonix, — *Schmitz*, tailleur de pierres à La Villette, lithographie de Vernet, — *Seacome*, bookseller, etc. 7

14 — Programmes de concerts et de théâtres. — Fête japonaise à l'hôtel de Larochefoucauld-Bisaccia, etc. 13

15 — Adresses de libraires, imprimeurs, lithographes, papetiers, graveurs, marchands d'estampes, etc. Curieuse collection de jolies adresses du siècle. 41

16 — *Bompard*, entrepreneur de voitures à Nîmes, — *Walters*, marchand de thé et café, — *Welling*, tobacconist, Brighton, etc. 25

17 — Adresses de loueurs de voitures, selliers, carrossiers, messagers. Cartes de courses, etc. 17

18 — Tickets par Bartolozzi, — Cartouches pour adresses par Prud'hon et autres. 7

19 — Noëls Bourguignons, vignette en double état, — Attributs en tirages à part. 5

ANONYMES

20 — François-Maurice, comte de *Lacy*, 1777. Portrait à mi-jambes, in-fol.

21 — Nicolas-Placide de *Blanchefort*, ancêtre des ducs de Créquy. Portrait en buste, dans un médaillon orné de trophées. In-fol.

22 — Fête de famille offerte pour l'anniversaire de Mme la Maréchale *Pérignon*, dans son parc d'Auteuil. Curieuses pièces faisant pendants, gravées à la manière du lavis.

BALECHOU

23 — Prosper-Jolyot de *Crébillon*. In-fol. d'après Aved. Belle épreuve.

BARTOLOZZI (F.)

24 — The affectionate brothers (The Lambe family), d'après Sir J. Reynolds. Londres, 1798. In-fol. Très belle épreuve. Marge.

25 — A St-James's Beauty, — A St-Giles's Beauty. Ovales in-4 faisant pendants, d'après J.-H. Benwell. En couleur. 2

26 — Cleopatra and Meleagar, — Paulus Æmilius. D'après Ang. Kauffmann, 1783. Pendants in-fol. en bistre. 2

27 — Correspondance. D'après Cipriani. Joli portrait de femme, publié à Londres, en 1786.

28 — Tragedy, — Comedy. Pendants in-folio, d'après Cipriani, 1788. Très belles épreuves impr. en bistre. 2

29 — Les quatre Saisons. D'après Westall et Wheatley. Jolies têtes de femmes, impr. en bistre. 4

30 — Harmony. D'après A. Kauffmann. Pièce de forme ovale, publ. en 1781. Toute marge.

31 — Comte de *Cagliostro*, 1786. Très belle épreuve d'état, impr. en bistre, avec le titre tracé à la pointe.

32 — Charles *Linné*, premier médecin du roi et célèbre botaniste. In-folio par H. Meyer, dans un joli cadre gravé par Bartolozzi. Marge.

33 — Damon and Musidora. D'après J. Opie, 1796. In-fol.

34 — The Freeing of Amoret. D'après J. Opie. In-fol. Deux épreuves dont une du premier état. 2

BAUDOUIN (d'après P.-A.)

35 — Le Couché de la Mariée, gravé à l'eau-forte par J.-M. Moreau et terminé au burin par J.-B. Simonet, 1768. In-fol. Très belle épreuve. Petite marge.

36 — Les soins tardifs, par N. De Launay. In-fol. Très belle épreuve. Marge.

BEAUVARLET (J.)

37 — Le Testament de La Tulipe, d'après P. Lenfant. In fol. Marge.

BERVIC

38 — L'Innocence, d'après Mérimée. In-folio, avant les vers. Marge.

BOILLY (d'après L.)

39 — La Cocarde Nationale ou Ah ! qu'il est gentil, par Augustin Le Grand. Superbe épreuve, imp. en couleur. Grande marge. Très rare.

40 — Suite de la Douce impression de l'harmonie. Par F.-J. Wolff. In-fol.

BOILLY (J. et L.)

(Lithographies)

41 — Le Jeu de l'écarté. In-fol. en couleur. Marge.

42 — Le Jeu de tonneau. In-fol. en couleur. Petite marge.

43 — Le Cabaret. In-fol. en couleur. Toute marge.

44 — Le singe mendiant. In-fol. en couleur. Toute marge.

45 — Les Journaux. In-fol. en couleur. Sans marge.

46 — Réunion de 35 têtes diverses. In-fol. en couleur. Marge.

BONNET (L.)

47 — Tête de jeune fille, avec un ruban dans les cheveux. D'après Le Clerc. In-fol. à la sanguine. Marge.

48 — L'Amour et l'Amitié, — La Peinture aimée des Grâces. Ovales in-fol. aux trois crayons. 2

49 — La Sagesse et la Justice. D'après Boucher. In-fol. à deux teintes.

BONNET (*A Paris chez*)

50 — Bouquets de fleurs. In-fol. en couleur. Marges. 5

BOREL (d'après A.)

51 — L'Innocence en danger, par Huot, 1792. In-fol. Très belle épreuve. Petite marge.

BOSIO (d'après D.)

52 — Le Sultan parisien ou l'embarras du choix, — Le Logeur ou les effets des vertus hospitalières de Paris. In-fol. faisant pendants. Très belles épreuves en couleur. 2

BOUCHER (François)

53 — Livre d'études d'après les desseins originaux de Blomart ; gravé par François Boucher, peintre de l'Académie royale. A. P. D. R. Cahier complet et à toutes marges. 12

BOUCHER (d'après Fr.)

54 — Silvie guérit Philis de la piqûre d'une abeille, — L'Amour ranimant Aminte dans les bras de Silvie. Ovales in-fol., faisant pendants, gravées par Lempereur. Très belles épreuves avant toute lettre. Marges. 2

55 — Le trait dangereux. Par Poletnitch. In-fol. Très belle épreuve avec marge.

56 — L'amour mutuel, — Le berger rusé, — Le bon exemple, — La beauté jointe aux ornements. Pendants in-fol. coloriés, publ. chez Girard. 4

BOUTELOU (*se vend à Paris, chez*)

57 — Il est à moi à présent. Jolie pièce petit in-fol. ovale. En couleur.

CALLOT (J.)

58 — Nouveau Testament faict par Jacques Callot qui na sceu finir le reste, prévenu de la mort l'année 1635 (M. 37, 47). Suite complète du 1er état avec la marge blanche et avant les numéros. 11

59 — La vie de la Ste-Vierge (M. 76, 89). Suite de 14 pièces dont nous n'avons que 13. La quatorzième manque très souvent. Très belles épreuves du 1er état, avant les nos. 13

60 — La Chasse ou la Grande Chasse (M. 711). Superbe et très rare épreuve du 1er état, doublée (Béhague, 75 fr.)

CARDON

61 — Negroes sunday-market at Antigoa. D'après W.-E. Beastall. In-fol. Très jolie pièce en couleur, publ. à Londres en 1806. Marge.

CARICATURES

62 — L'inconvénient des voiles, ou la pudeur trahie. Petit in-fol. coloriée, publ. chez Martinet. Marge.

63 — Les cinq Sens. Par G. de Cari. Pièces tirées du *Musée grotesque.* In-4, coloriées. Marges. 5

64 — Portes et fenêtres. Par Menut, Wattier et autres. En noir et coloriées. 8

65 — Coucou, — A Stage Coach, — Petites Messageries. Etc. Voitures par Lami, Vernet, Cham, Pruche et autres. En noir et coloriées. 7

66 — L'entrée au Musée, 1808, — Les Anglais au Salon de 1814, — Sortie du Salon. Petit in-fol., coloriées. 3

67 — Le quart d'heure de Rabelais au Palais-Royal, — Encore un pour Sceaux, — Départ des amateurs de l'île St Ouen, — Les décrotteurs en boutique, — Le bain à la papa. etc. Petit in-fol., coloriées. Marges. 7

67 *bis* — A Spanish Beauty, — Mr. and Mrs. Caudle. In-fol., coloriées. 2

CARINGTON-BOWLES (*A Londres chez*)

68 — The young Wanton, 1776. In-fol. Très belle épreuve en couleur.

69 — An English Privateer bringing in La Monsieur, a French prize, 1782. In-fol. Très belle épreuve. En couleur.

70 — January and May, — December. In-fol. Très belles épreuves. En couleur. 2

CARMONTELLE (d'après L.-C. de)

71 — Léopold Mozart, père de Marianne Mozart, virtuose âgée de onze ans, et de J.-G. Wolfgang Mozart, compositeur et maître de musique, âgé de sept ans. Par Delafosse, 1764. In-fol. Belle épreuve. Marge.

72 — Pas de deux exécuté par M. Dauberval et Mlle Allard. In-fol., par J.-B. Tilliard.

CATHELIN (L.-J.)

73 — *J. Paris de Montmartel*, marquis de Brunoy, financier (D. 225). In-fol., d'après La Tour et Cochin. Très belle épreuve du 1er état, avant toute lettre.

74 — Françoise née comtesse d'Issemburg, veuve de M. Huguet de *Grafigny*. D'après J.-B. Garand, 1763. In-8. Toute marge.

CHARDIN (d'après J.-S.)

75 — La gouvernante, — La fontaine, — L'écureuse, — Le garçon cabaretier, — *Sans soucis*. In-fol., par Lépicié et Cochin. 5

CHASTILLON (Cl.)

76 — Carosel fait à la Place Royalle à Paris, le V, VI, VII avril MDCXII. In-fol. Très belle épreuve. Marge.

77 — Le somptvevx et magnifiqve édifice de l'hostel de ville de Rheims. In-fol. Très belle épreuve. Rare.

CHEVILLET

77 *bis* — Leçon de botanique. D'après Schenau. In-fol. Petite marge.

CHODOWIECKI (d'après D.)

78 — Cabinet d'un peintre (portraits des membres de la famille de l'artiste). In-4, gravée par son fils, 1771.

79 — Lotte, — Werther. Fins portraits en médaillons, avec scènes au bas, gravés par D. Berger. 2

CHOFFARD (P.-P.)

80 — Torquato Tasso, 1780. Vignette en double état dont un à l'eau-forte. 2

CIPRIANI (d'après B.)

81 — L'enfant endormi avec sa poupée. Par H. Brocas, In-fol., en bistre. Marge.

CLAESSENS (L.-A.)

82 — L'attente. D'après L.-B. Coclers. In-fol. Toute marge.

COCHIN

83 — Portique élevé à Paris, sur la place du Carrousel, à l'occasion du mariage de Mgr. le Dauphin, les 23 et 26 février 1745. In-fol.

CONDÉ (J.)

84 — Le baron de *Wenzel*, oculiste du roi d'Angleterre, 1789. Buste in-4. En couleur. Marge.

COSTUMES et COIFFURES

85 — Têtes de femmes, tirées d'un Almanach. Suite numérotée, in-12. 8

85 *bis* — Costumes de femmes. Jolies petites pièces in-12 par Dupin, d'après Desrais. Estampes en couleur, tirées d'un almanach. Rares. 8

86 — Coiffures diverses. Têtes de femmes, médaillons à deux sur la feuille. En couleur. 12

87 — Costumes d'après Desrais ; chez Esnauts et Rapilly. In-fol. 5

88 — Costumes d'après Le Clerc. Hommes et femmes. In-fol. 5

89 — Costumes de cour d'après St-Aubin. In-fol. 3

90 — Costumes et coiffures en couleur. In-fol. 7

91 — Costumes d'opéra, par J.-B. Martin. In-fol. En couleur. 3

92 — Costumes de ballets, d'après Marini. In-fol. En couleur. 12

93 — Costumes d'hommes, d'après Gravelot, 1744. Cahier complet, à toutes marges. 6

94 — Costumes d'hommes et femmes, par différents artistes. In-fol. 8

95 — Etude pour les demoiselles. In-fol., à la sanguine. 5

96 — Caricaturessur les hautes coiffures. In-fol. Très belles épreuves avant la lettre et à toutes marges. 3

97 — Le singe à la mode. — La coquette à la mode. Pendants in-fol. 2

98 — Modes de 1720 à 1785. De Louis XV à Louis XVI. Réunion de 21 beaux dessins à la plume et à l'aquarelle, par L. de Chauvelin, en un vol. gr. in 8, rel. en maroq. rou., dent. int., tête dor.

99 -- Costumes des Représentans du Peuple français, par Labrousse, d'après Grasset-St-Sauveur. Paris, 1795. Quatorze costumes en couleur avec notices explicatives en un vol. in-8 broché.

100 — Costumes et coiffures d'hommes et de femmes, par ou d'après Gravelot, Watteau, Duhamel, Martin, etc., en noir et en couleur 12

101 — Coiffures de femmes, en noir et coloriées. In-4. 18

102 — Pantins et pantines. Curieuse réunion de six pièces destinées à être découpées et assemblées au fil. In-fol., toutes marges. Rares. 6

103 — Costumes de mariage des différents pays. Publ. chez Ackermann. In-12. En couleur. 10

COSWAY (d'après R.)

104 — Mrs *Fitzherbert*. Par J. Condé. In-fol., bistre. Marge.

105 — Mrs *Duff*. Par J. Agar. In-fol., bistre.

COSWAY et **HOPPNER** (d'après)

106 — Improvement. — Affection. — Devotion. — Study. — Instruction. — Education. — Archness. — Sensibility. — Henry. — Emma. — Octavia. — Ariadne. Suite complète de jolis sujets publ. en 1802 par Ackermann. 12

COSWAY (R.) et **PLIMER** (A.) (d'après)

107 — The Fair Stepmother (Ladies of the *Loftus* family).— The charming sisters (Ladies of the *Rushout* family). Superbes pièces en couleur, faisant pendants, gravées par E. Stodart. Encadrées 2

COYPEL (d'après Ch.)

108 — Vertumne et Pomone. — Zephir et Flore. Pendants in-fol., gravés par F. Bartolozzi, 1776. Superbes épreuves, impr. en couleur, dont les bordures sont rehaussées d'or. Petites marges. 2

CRESPI (Giuseppe-Maria)

109 — Les Bouffonneries de Bertoldo Bertoldino et Caccasenno (Le B., 15-34). Suite complète de 20 pièces en 3 séries numérotées, plus 3 pièces (Le B., 42, 43, 44). Toutes marges. Très rares. 23

CRUIKSHANK (d'après)

110 — Dividing the spoil! (St-James's-St-Giles's). Londres, 1796. Curieuse pièce à deux sujets sur les mœurs anglaises à la fin du siècle dernier. Coloriée.

DEBUCOURT (P.-L.)

111 — La Bénédiction paternelle, ou le départ de la mariée. Grand in-fol. en couleur. Encadrée.

111 *bis* — Les courses du matin, ou la porte d'un riche, 1805. In-fol. Belle épreuve.

112 — Les Gastronomes affamés. — Les Gastronomes sans argent. Pendants in-fol. Marges. 2

113 — Après vous, Sire! In-fol. Grande marge.

114 — Le Drapeau. In-fol. Marge.

DELACROIX (Eug.)

115 — Le grand Lion de l'Atlas. Lithographie originale. In-fol. Très belle épreuve. Rare.

DEMARNE (**d'après**)

115 *bis* — Vue d'une grande route près Paris. — Vue d'un canal de France. Pendants in-fol., grav. par Devisme.

DEMARTEAU (G.)

116 — Jeune laveuse (71). D'après F. Boucher. Petit in-fol., sanguine.

117 — Vénus et les amours (74). D'après Boucher. In-fol., sanguine. Rare.

118 — Femme nue dansant (232). D'après Boucher. In-fol., sanguine. Marge.

119 — La femme au cœur (321). D'après Boucher. Petit in-fol., sanguine. Grande marge. Rare.

120 — Jeune bergère assise tenant un médaillon au centre duquel est un cœur percé d'une flèche. D'après F. Boucher. In-fol., sanguine.

DE MONCHY

121 — L'Amant pressant. — L'Amant consolateur. D'après Le Bouteu. Pendants petit in-fol. Toutes marges. 2

122 — Le Réveil tardif. D'après Grangeret. In-fol. Grande marge.

DENON (V.)

123 — Tête de jeune femme, cheveux bouclés, coiffée d'un large chapeau à rubans. Ravissante pièce pet. in-fol., gravée à l'eau-forte. Marge.

DESCOURTIS (Ch.-M.)

124 — Vue des Tuileries. Très jolie petite pièce, en couleur, de forme ronde, avec nombreux personnages.

DESPLACES et DUPUIS

125 — Les quatre Eléments. D'après L. de Boullongne, 1717-1721. In-fol. Grandes marges. 4

DE TROY (d'après)

126 — L'aimable accord. Par Cath. Le Tournay. In-fol. Marge.

DEVÉRIA (A.)

127 — Vignettes pour la *Satyre Ménippée,* par Johannot et Adam. Chine. Toutes marges. 6

128 — Le Goût nouveau. Motifs variés. Jolis portraits de femmes, en couleur, dans des entourages de fleurs. Couverture illustrée. 18

DIVERS

129 — Portraits d'acteurs et actrices du Théâtre Anglais à la fin du siècle dernier. Petit in-8. 78

130 — Ex-Libris français et étrangers. 42

131 — *Rubini*, *Rossini*, etc. Portraits de Musiciens. 5

132 — Prince et Princesse de Galles. Etc. Portraits anglais. 4

DUMÉNIL (d'après)

133 — La Dame de charité, par Claire Tournay. In-fol. Grande marge.

DUPUIS (N.)

134 — La Malice enfantine. — Le Réveil maladroit. In-fol., d'après Eisen et Schenau. Belles épreuves à grandes marges. 2

ECOLE ANGLAISE

135 — Eliza, — The Turkey cock, — Urania. Marges. 3

136 — Fire, — Water, — The honey-moon, etc. Manière noire. 4

ECOLE FRANÇAISE

137 — Série des Mois, vignettes in-18 tirées d'un calendrier et représentant des Cris de Paris. Suite complète. 12

138 — Mademoiselle Henriette *Sontag*, dans le rôle de la Dame du Lac. Joli portrait en couleur sur chine.

139 — L'Innocence parisienne, ou la Marchande de carlins. Petit in-fol., par V***. Marge.

140 — Petits sujets en couleur pour abat-jour. 3

141 — Les premiers pas de Paul et Virginie (Debucourt). — Tableau des Portraits à la mode (St-Aubin). Etc. Epreuves anciennes défraîchies. 5

142 - Sujets dits de tabatière. Jolies pièces avec marges. 25

143 — Eventails. Sujets gracieux en héliogravure. 18

EDELINCK (G.).

144 — Isabelle de *Bragance*, infante de Portugal, morte en 1690, âgée de 22 ans. Petit in-fol. d'après C.-G. Hallé (R. D., 160). Très belle épreuve. De toute rareté.

FESSARD (M.)

145 — La Cage symbolique. D'après C.-H Le Peintre. Superbe épreuve avant la dédicace et avec les noms tracés à la pointe. Toute marge.

FRAGONARD (H.)

146 — Bacchanales imitant les bas-reliefs. In-4 en larg. Marges. 2

FRAGONARD (d'après H.)

147 — La Fontaine d'Amour. Par N.-F. Regnault. In-fol. Très belle épreuve en couleur. Petite marge.

148 — Les Hazards heureux de l'Escarpolette. Par N. De Launay. In-fol. Très belle épreuve. Encadrée.

149 — La Culbute. Par Charpentier. Très belle épreuve. Marge.

150 — La Bonne Mère. In-fol., par N. De Launay. Petite marge.

FREUDEBERG (S.)

151 — Intérieur Suisse (2 personnages). Jolie pièce in-4, en couleur, montée en dessin (1er état).

GALLE (Corn.)

152 — Vie de Sainte Catherine de Sienne. D'après Vanni. Suite complète, avec dédicace à la duchesse Christine de Lorraine. In-fol. 12

GELLÉE (Cl.), le Lorrain.

153 — L'embarquement des Grecs après la prise de Troie. In-fol. Très belle épreuve, avant la coupure du cuivre. Toute marge.

GÉRARD (Mlle)

154 — L'enfant et le bouledogue. Sujets différents, d'après Fragonard, gravés à l'eau-forte. 2

GILLOT (d'après)

155 — Dessus de clavecins, d'après ses dessins originaux gravés par le Comte de Caylus et retouchés par Crépy. In-fol. Rares. 2

GIRODET-TRIOSON (d'après)

156 — Championnet, Kléber, Desaix, Marceau, Dugommier, Dampierre. Portraits de généraux sur la même feuille. Lith. d'Aubry-Lecomte, 1821. In-fol. Toute marge.

GOLTZIUS (H.)

157 — Les Amours de Mars et de Vénus. D'après B. Spranger, 1588. In-fol. Très belle et rare épreuve du 1er état, avant la dédicace.

GRASSET ST-SAUVEUR (d'après)

158 — Tableaux des principaux Peuples de l'Europe, de l'Asie et de l'Afrique. In-fol., en couleur. Par Malbeste et Mixelle. 3

GRATELOUP (J.-B.)

159 — *J. Dryden.* D'après G. Kneller. — La jeune Espagnole. D'après Grimou. Petit in-8. Rares. 2

GUÉRARD (E.)

160 — Physionomies de Paris : Voiture aux chèvres, — Théâtre de Guignol, — Les Tuileries, — Boulevard des Italiens. Très jolies lithographies en couleur, de 1856. Suite complète, avec marges. 4

GUÉRIN (C.)

161 — Portraits des Plénipotentiaires au Congrès de Rastadt, 1797-99. Publiés à Bâle, chez Decker. Suite complète en 1 vol. in-4 v. Epreuves en bistre. 20

HAMILTON (d'après W.)

162 — Caroline de *Lichtfield*. Ovale, in-fol., par J. Jones et A. Robertson, 1788. Marge.

163 — Les friands de cerises, — Jeu de la savate. Pendants in-fol., par Laindor de Toulouse. 2

HARRIET (d'après F.-J.)

164 — Le Thé parisien, suprême bon ton, commencement du XIXe siècle. In-fol. par A. Godefroy. Très belle épreuve en bistre.

HENRIQUEZ (B.-L.)

165 — Madame la Duchesse de *Penthièvre*, assise dans un paysage, au bord de la mer. In-fol. en larg., d'après Duplessis. Très belle épreuve avant la lettre. Marge.

166 — Le joueur de Balalaye, — Amusements russes. Pendants in-fol., d'après Le Prince et Schenau. Dédicaces. Marges. 2

HILAIRE (d'après J.-B.)

167 — L'Esclave heureux. Par J. Mathieu. In-fol. Marge.

HOGARTH (d'après W.)

168 — Le Mariage à la mode. In-fol., par Scotin, Baron et Ravenet, 1745. Suite complète de l'œuvre la plus remarquable du célèbre artiste. 6

HOPNER (d'après J.).

169 — Lady *Langham*, — Elisabeth Viscountess *Andover*, — Lady Gertrude *Villiers* par Cooper et Bell. Très belles épreuves. 3

HOUSTON (R.)

170 — Confession. D'après G. Vandermyn. In-fol., manière noire.

HUBERT (F.)

171 - Hony soit qui mal y pense. D'après Davene. In-fol., petite marge.

HUET (d'après J.-B.)

172 — Ce qui est bon à prendre est bon à garder. In-fol., par Chaponnier. Superbe épreuve avant la lettre. Toute marge.

173 — La méfiance. Par Jubier. Très belle épreuve, impr. en couleur.

174 — Le maître de dessin. Par le même. Bonnet direxit. Très belle épreuve. En couleur.

HUMPHREY (A Londres chez)

175 — A correct representation of the Company going to and returning from His Majesty's Drawing Room, at Buckingham palace, St-James's Park. Très jolie pièce publ. en 1822. Très rare. Encadrée.

ISABEY (d'après)

176 — Mme *Levert*, par Mécou, 1822. Très belle épreuve en couleur, sur chine.

177 — Mme *Dacier*. Lithogr. de Schmit, 1821. En couleur. Marge,

178 — Portrait d'actrice. Lith. de Engelmann. En couleur. Marge.

JANINET (F.)

179 — Projet d'un monument à ériger pour le roi, 1790. D'après de Varenne. In-fol., en couleur.

180 — Restes du palais du pape Jules, 1775. D'après Hubert-Robert. In-fol. Très belle épreuve en couleur.

181 — Les Nourrices, 1780. D'après F. Boucher. Petit in-fol., à la manière du lavis.

JANINET et CAMPION

182 — Vues de Paris, en noir et en couleur. Pièces de forme ronde. 18

JAPHET (A.)

183 — Mon Village : Les Autorités, — Les gros bonnets. Deux suites complètes, de chacune six pièces, dans leur couverture. Lithogr. en couleur. 12

KAUFFMANN (Ang.)

184 — Etudes de têtes : Junon, Hébé, 1780. Eaux-fortes originales en bistre. Petit in-fol. 2

KNIGHT (C.)

185 — Comic readings. D'après R. Boyne, 1791. In-fol., marge.

186 — A dansing bear. D'après H. Bunbury, 1785. In-fol., en bistre.

LAMI (Eug.)

187 — Voyage à Londres. Suite de 12 lithogr. en couleur, dont nous n'avons que onze. Grandes marges. 11

LAMI et MONNIER

188 — Voyage en Angleterre. Paris, Didot, 1829. Première livraison de 6 pièces, avec texte et couverture.

LANCRET (d'après N.)

189 — Mlle *Camargo*. Par L. Cars. In-fol. Rare.

LAVREINCE (d'après N.)

190 — L'assemblée au concert. Par F. Dequevauvillers. In-fol. Très belle épreuve. Marge.

191 — On y va deux. Par Krethlow. In-4, en bistre.

192 — Valmont et Emilie. Par Romain Girard. In-fol. En couleur. Marge.

193 — Le Billet doux. Par N. de Launay. In-fol. Belle épreuve.

194 — Ecole de danse. Par Dequevauvillers. In-fol. Très belle épreuve. Marge.

LAWRENCE (d'après sir Th.)

195 — The. R. H. Lady *Dover*. Par Lewis. Très belle épreuve sur chine.

LE CŒUR (d'après)

196 — Fête du Sacre et Couronnement de leurs Majestés Impériales, vue de la place de la Concorde, ornée des quatre salles de danse et du piédestal élevé au milieu, à l'instant où la fête commence pour la distribution des médailles. Gravé par Marchand. Très belle épreuve en couleur.

LE NOIR

197 — L'Amour vaincu par l'Avarice. Pièce de forme ronde. In-fol. en couleur. Marge.

LE PRINCE

198 — Le Repos. 1771. In-fol. à la manière du lavis.

LESPINASSE (d'après le chevalier de)

199 — Vue du Palais-Royal, des galeries et du jardin. Par Varin. In-fol. Très belle épreuve. Marge.

LE VACHEZ (à Paris, chez)

200 — *Louis-Charles*, prince royal, — Marie-Thérèse-Charlotte, *Madame*. Portraits des enfants de Louis XVI. Médaillon en couleur. Très rare.

LEWIS

201 — Inn Yard at Calais. D'après Frederick George Byron, esq., 1802. In-fol. En couleur.

202 — A Visit to the Convent at Amiens. D'après Byron, 1803. In-fol. En couleur.

203 — Breakfast at Breteuil. D'après Byron, 1801. In-fol. En couleur.

204 — Changing horses near Clermont. D'après Byron, 1802. In-fol. En couleur.

205 — Returning from a Review at the Champ de Mars in Paris. D'après Byron, 1802. In-fol. En couleur.

Ces cinq pièces forment une suite complète. Elles pourront être réunies.

LORDON

206 — Histoire de Télémaque dans l'île de Calypso. In-fol., en couleur, par Dissart, Benoît et Choubard.

MALLET (d'après)

207 — Le lit d'amour. Par Prud'hon fils. In-fol.

208 — Voyage à Cithère, — Les fleurettes. Pendants petit in-fol., publ. chez Quenedey. 2

MARILLIER (d'après)

209 — Pigmalion et Galatée. Par Avril. In-fol.

MARTINET (d'après)

210 — L'amour et le vin. Pièce grivoise gravée par Droyer. In-fol. Marge.

MARVIE (d'après)

211 — Ballet du prince de Salerne exécuté à Fontainebleau en 1746. Petit in-fol. par Horeolly. Marge.

MÉCOU

212 — Oh ! que c'est chaud ! D'après Sicardi. In-fol.

MEISSONIER (d'après E.)

213 — Deux personnages en costume du XVIIIe siècle. Fac-simile d'un dessin du maître par A. Robaut. Très belle épreuve sur chine. In-fol.

MILITAIRES (Costumes)

214 — Trait héroïque, sujet tiré de la Guerre de Vendée. In-fol., par Petit, d'après Boilly. Deux épreuves dont une à l'eau-forte pure. 2

215 — Artillerie. — Cuirassiers, 1837. Par V. Adam. En couleur. 2

216 — *Lalaisse.* République française. Costumes des différentes armes. Lithographies en couleur. 16

217 — Costumes divers, par Marbot et autres. En noir et en couleur. 18

218 — Cosaques. Par Levachez, d'après C. Vernet. Très belles épreuves en couleur. Toutes marges. 4

219 — *Eckert et Monten.* Armée française. Suite rare, avec les planches de détails. Couverture. Lithographies en couleur. 17

220 — Troupes allemandes. Lithographies en couleur. 23

221 — Wurtemberg. Suite complète de trente-six pièces à plusieurs costumes sur la feuille. Coloriées. Dans le carton de publication. 36

MILLET (J.-F.)

222 — La bouillie, 1861. Très belle épreuve sur chine.

MONNET (d'après)

223 — Jupiter et Anthiope. — Salmacis et Hermaphrodite. Pendants in-fol., par G. Vidal. Marges. 2

MONNIER (H.)

224 — La liberté de l'enseignement (1828). In-4. En couleur. Toute marge.

225 — Chansons patriotiques de Béranger : Le ventru (1818). — Les missionnaires (1819). In-fol., en couleur, avec chanson au bas. 2

226 — Rencontres parisiennes. Macédoine pittoresque, par H. Monnier. Paris, Gihaut. In-4 obl. Suite de lithographies avec frontispice en couleur et couverture originale. 10

227 — Un café, — Vues de Paris, — Un mauvais présage, — Une soirée à la mode. Habitants et habitantes. — Madame est mon épouse, etc., en couleur. Marges. 11

MOREAU (J.-M.)

227 *bis* — Bethsabée au bain, 1763. D'après Rembrandt. In-fol. Rare épreuve avant la lettre.

MOREAU (d'après J.-M.)

228 — Les Précautions, in-fol. Par Martini, 1777. Très belle épreuve avec les mots A. P. D. R.

228 *bis* — La rencontre au Bois de Boulogne. In-fol., par H. Guttenberg. Très belle épreuve avec les mots A. P. D. R. Marge.

229 — La petite Loge. In-fol., par Patas. Très belle épreuve avec les mots A. P. D. R. Marge.

229 *bis* — La même estampe. Très belle épreuve. Grande marge.

MORLAND (d'après G.)

230 — Lætitia, ou The Fair penitent. Suite complète, gravée par Bartolotti. In-fol. Très belles épreuves avec marges. 6

231 — Gathering fruit, — Gathering wood. Pendants in-fol., en bistre, par R.-M. Meadows. Marges. 2

MORLAND et SINGLETON (d'après)

232 — Industry and Œconomy.—The fruits of early Industry and Œconomy. Pendants in-fol., gravés par Darcis. Encadrés. 2

MORTIMER (A Londres chez J.)

233 — Les figures de Shakespeare. Têtes publ. en 1776. Toutes marges. 8

234 — Comedy, — Tragedy, — Elegy, — Pastoral ; 1778. In-fol. Toutes marges. 4

235 — Les Monstres ; 1778. Suite complète à toutes marges. 4

MULLER (Fr.)

236 — St-Jean l'Evangéliste. D'après le Dominiquin, 1808. Superbe et rare épreuve du 1er tirage, avec le millésime de 1808 et avant les retouches. In-fol.

NANTEUIL (Robert)

237 — *Mazarin* (Jules, cardinal de), assis dans sa galerie (R. D., 185). In-fol. Belle épreuve.

NAPOLÉON (Estampes relatives à)

238 — Bonaparte, First Consul of France. In-fol., à la manière noire, gravé par J.-R. Smith, d'après A. Appiani. Publié à Londres en 1800.

Bonaparte est représenté au premier plan, debout et tenant son sabre de la main droite. Le Génie de l'Histoire, placé près de lui, transcrit sur un bouclier les victoires que Bonaparte lui énumère. Au second plan, on aperçoit la scène du passage de l'Adda, à Lodi.

Très belle épreuve de ce beau et rare portrait. Encadrée.

239 — Bonaparte 1er Consul. Buste in fol., par Alix. Belle épreuve en couleur, sans marge. Encadrée.

240 — Bonaparte, premier Consul. Portrait équestre fait pendant la Campagne d'Italie. Très belle épreuve en couleur, sans marge. Encadrée.

241 — Bonaparte, accompagné du général Berthier, à la bataille de Marengo, au moment de la victoire. In-fol., par Cardon, d'après Boze. Marge. Rare.

242 — A la gloire immortelle de Bonaparte, premier Consul de la République française. Allégorie in-fol., composée et gravée par J.-B. Louvion. Marge.

243 — Napoléon Empereur. D'après David. Très belle et rare épreuve avant toute lettre. Impr. en couleur. Toute marge.

244 — Napoléon 1er se promenant en compagnie de Marie-Louise. In-fol., par Léopold, d'après Wolf. Toute marge.

245 — Napoléon, Empereur des Français, Roi d'Italie. Portr. en pied p. Arnold. In-fol., fond teinté. Toute marge.

246 — Napoléon au bivouac, la veille d'Austerlitz. Lithographie très rare, par Raffet. In-fol.

247 — Bataille d'Austerlitz, par Godefroy, d'après Gérard. In-fol., en largeur. Très belle et rare épreuve avant toute lettre et avec croquis en marge.

248 — Bataille d'Austerlitz, dite la bataille des trois Empereurs, 1805. Par H. In-fol. en coul. publ. par Schiavonetti.

249 — Retraite de l'armée française de Moscou, 1812. In-fol. en couleur, par Rugendas. Marge.

250 — La bataille des Nations de Leipsic, 1813. In-fol. en couleur, par Rugendas. Marge.

251 — Entrée de l'armée autrichienne à Naples, 1815. In-fol. en couleur, par Rugendas. Marge.

252 — Eylau, ou la mort du général d'Hautpoult. — Iéna, ou la mort du duc de Brunswick. Grand in-fol., par J.-J. Wolff, d'après C. Vernet. Marges. 2

253 — Esling, ou la mort du duc de Montebello. — La Moskowa, ou prise de la grande redoute. Grand in-fol., par les mêmes. Marges. 2

254 — Entrée des Alliés à Leipsic, 1813. In-fol. en couleur. Marge.

255 — Te Deum des Alliés sur le square Louis XV, à Paris, le 10 avril 1814. In-fol. en couleur. Marge.

256 — Le tombeau de Ste-Hélène. Superbe composition par Garnier, d'après F. Gérard. In-fol. Marge. Rare.

257 — Port royal creusé dans le roc de Cherbourg, ouvert le 27 août 1813. In-fol., par Jazet.

258 — Les anges de la France : la reine Hortense, l'impératrice Joséphine, l'impératrice Eugénie. Lithographie in-fol. de Adam. Rare.

NATTIER (d'après)

259 — Flore à son lever (portrait de Mme.....). Par Maleuvre. In-fol., en haut. Grande marge.

NAUDET (à Paris chez)

260 — Le Vice forcé dans ses retranchements, — La désolation des filles de joie, 1778. Pendants in-fol. 2

PATAS

261 — La prudence en défaut, — Le mari dupé et content. Pendants in-fol., d'après Le Barbier. 2

PIÈCES HISTORIQUES

262 — Vue de l'horloge astronomique dans la cathédrale de Strasbourg, 1650. In-fol. Isaac Brunn Argentinæ sculp. Rare.

263 — Représentation dans sa vraie grandeur de la couronne de pierreries qui a servi au Sacre de Louis XV, le 25 octobre 1722. In-fol., par Antoine, d'après Duflos.

264 — La pompeuse et magnifique Cérémonie du Sacre de Louis XIV faite à Reims, le 16 juin 1654, représentée au naturel par ordre de Leurs Majestés. Suite compl. de 3 planches grand in-fol. par Lepautre. Très rare.

265 — Promenade du roy sur le Pont-Neuf. Très grand in-fol., publ. à Paris, chez Vanheck, coloriée. Rare.

266 — Promenade du roy dans le jardin des Tuileries. Très grand in-fol., pendant du N° précédent.

267 — Arrivée du roi d'Espagne Ferdinand VI au château de l'Escurial Madrid, 1746. Grande pièce in-fol. publ. à Paris, chez Charpentier. Marge.

268 — The Martyr of Equality. In-fol., coloriée, par Cruikshank. Londres, 1793.

269 — Bataille de Trafalgar. Différentes phases du combat. In-fol. En couleur. Par R. Dodd. Marges. 4

POLLARD (R.)

270 — Politics. Jolie pièce in-fol., publ. en 1791 par Ryland. Marge.

PORPORATI

271 — *Marie-Antoinette* d'Autriche, reine de France et de Navarre. Portrait in-4. gravé en 1796. Très belle épreuve avant la lettre. Rare.

PRUD'HON (d'après P.-P.)

272 — L'Amour. In-fol., gravé par J. Prud'hon fils. Marge.

QUEVERDO (d'après Fr.)

273 — Le Repos. In-fol., par Dambrun. Belle épreuve.

274 — L'occasion favorable. — Céphise surprise près du bain. Jolis sujets, faisant pendants, gravés par Duhamel et Patas. 2

RAFFET

275 — Le Réveil. — La Revue nocturne. Très belles épreuves sur chine. Grandes marges. 2

276 — Demi-bataillon de gauche... joue!... feu!.... chargez. Waterloo, 1815. In-fol. sur papier jonquille.

277 — Ils grognaient, — La main! voltigeur, — Carré enfoncé, — Bataille d'Aboukir, — Reddition de Jaffa. 5

278 — Waterloo, — Bonaparte, — La dernière charette, — Sujets de 1830. 7

279 — Il est défendu de fumer, — 13 Vendémiaire, — Représentant du peuple, — Le bouillon du passage, etc. 5

280 — Omnibus, — Dame blanche. Lithogr. de Villain. 2

RAMBERG (H.).

281 — Accident funeste arrivé à une vivandière dans le pays de Hanovre, pendant le passage des troupes françaises. In-fol., coloriée, marge. Rare.

282 — Joconde. Très belle épreuve in-fol., en couleur, 1799. Marge.

283 — Le petit Marché aux Esclaves, 1798. En couleur.

RAMBERT

284 — Le Duel, — L'Usure, — L'Ivrognerie, — La Guerre, — Le Calomniateur, — Débauche et Luxure. Lithogr. in-fol., sur chine, 1851. 6

REGNAULT (N.-F.)

285 — Matin, — Soir. Pendants, in-fol. 2

REYNOLDS (d'après Sir J.)

286 — Mrs Williams *Hope*, of Amsterdam. In-fol., manière noire, par Hodges, 1788. Toute marge.

287 — Lady *Smith*. In-fol., en bistre, par F. Bartolozzi. Très belle épreuve. Encadrée. Cadre en bois sculpté.

288 — The Reverie. In-fol., par Cheesman, élève de Bartolozzi. Belle épreuve en bistre. Encadrée.

289 — Bell, countess of *Sefton*. In-fol., à la manière noire, par J. Watson.

290 — Robinetta. In-fol., par J. Jones, 1787. Belle épreuve. Bonne marge.

291 — Ariadne. In-fol., à la manière noire, par Doughty, 1804. Marge.

292 — Meditation ; par W. Ward, 1823. In-4, à la manière noire.

RICHTER (Henry)

293 — La rose du jardin. Dess. et gr. par H. Richter. Londres, 1799. Très belle épreuve en couleur. Grande marge.

RIGAUD (d'après H.)

294 — Charles Henry, comte de *Hoym*. In-8, par Morse. Cinq épreuves, états différents. 5

Morse, dans cette planche, a imité le joli portrait de C.-J. de Cisternay du Fay, par Drevet.

ROSALBA (d'après)

295 — The Innkeepers handsom Daughter. In-fol., à la manière noire. Très belle épreuve.

ROWLANDSON (T.)

296 — Miseries of London. — Off she goes. Caricatures in-fol., coloriées. 2

RUOTTE

297 — Mlle Raucourt, d'après Gros, 1796. In-fol. Très belle épreuve. Toute marge.

RYDER (T.)

298 — Lavinia and her mother. D'après Shelley. Jolie pièce, de forme ronde, impr. en bistre, sur satin.

SAINT-AUBIN (Aug. de)

299 — Au moins soyez discret. — Comptez sur mes serments. Pendants in-fol. Très belles épreuves. Marges. 2

SAINT-AUBIN (d'après Aug. de)

300 — Le Concert, par A. J. Duclos. In-folio. Très belle épreuve. Petite marge.

301 — Tableau des portraits à la mode. — Promenade des remparts de Paris. Pendants in fol., grav. par P.-F. Courtois. Très belles épreuves. Petites marges. 2

302 — Mes gens, ou les commissionnaires ultramontains. Suite complète de huit pièces, dont un titre, grav. par J.-B. Tillard. Belles épreuves. 8

SAINT-AUBIN (d'après G. de)

303 — Ballet dansé au théâtre de l'Opéra dans le *Carnaval du Parnasse*, — La Guinguette, divertissement-pantomime du Théâtre-Italien. Pendants in-fol. par F.Basan. Belles épreuves. 2

304 — *Hénault* (Charles-Jean François). In-fol., par Moitte. Belle épreuve.

SAYER (à Londres chez R.)

305 — L'instant de la gaieté, — La réflexion tardive. Pendants petit in-fol. Marges. 2

SHALL (d'après)

306 — La Comparaison. In-fol., gr. par Bouillard et terminée par Dupréel. Très belle épreuve. Marge.

307 — La Défaite, — La Conviction. Pendants in-fol., gr. par G. Marchand. Marges. 2

SCHEFFER (J.-G.)

308 — Ce qu'on dit et ce qu'on pense. Petites scènes du monde. Paris, Lith. de Gihaut frères, s. d. (vers 1835). In-4 obl., en feuilles. Douze lithogr. en couleur. Premier plat de la couverture illustrée conservé. 12

SCHEFFER (d'après Ary)

309 — Retraite de Russie. Lith. in-fol., par H. Garnier, 1833.

SCHMIDT (F.)

310 — *Grapendorff* (L.-Alb. de Brandt, baronne de), (J., 74). Superbe épreuve du 1er état, avant les noms d'artistes. Grande marge.

SHERWIN (J.-K.)

311 — Mrs *Hartley*, in the character of Andromache. In-fol. ovale, en bistre. Très belle épreuve. Marge.

SIMON (J.-P.)

312 — Isabelle. Tête de jeune fille. Publ. chez Bance. In-fol. en couleur. Marge.

SIMMONS (W.-H.)

313 — The Departure, — The Return. Pendants gr. in-fol. d'après A. Salomon. Pièces pour encadrement. 2

SINGLETON (d'après H.)

314 — Hark, the dinner bell, — Me go dinner. Pendants in-fol., en couleur. Grandes marges. 2

SMITH (J.-R.)

315 — The Promenade at Carlisle House. Par Smith, 1781. Ovale in-fol., équarri. Très belle épreuve, à la manière noire. Petite marge. Très rare.

316 — The Gamesters. — The Fortune teller. Pendants in-fol., à la manière noire, gr. par Ward et Smith, d'après Peters. Très belles épreuves. Marges. 2

317 — A Maid (Une pucelle). Londres, 1791. Très belle épreuve avec marge.

318 — Dressing for Masquerade. In-fol., d'après G. Morland. Très belle épreuve, sans marge.

319 — Mademoiselle *Clermont*. Petit in-fol., à la manière noire. Très belle épreuve.

320 — Thoughts on Matrimony. Ovale in-fol. en bistre. Marge.

SMITH (d'après I.-R.)

321 — L'attention, par R.-M. Meadows. In-fol. Très belle épreuve.

322 — Une pucelle, — Une veuve. — Pendants petit in-fol. par Levilly. 2

SMITH (I.)

323 — The Hon. Mrs. *Sherard*. D'après G. Kneller. In-fol., à la manière noire.

SMITH (Benj.)

324 — Statue de Shakespeare entre la muse du Théâtre et le génie de la Peinture. In-fol., d'après Banks. Marge.

325 — Innocence, — Happiness, — Providence. Allégories d'après F. Rigaud. Toutes marges. 3

SPORT (Estampes sur le).

326 — Une course de chevaux, les chevaux se préparant à courir. — Une course de chevaux en Angleterre. In-fol., faisant pendants, par Jukes, d'après W. Mason. Publ. en 1780, par Pollard. Très belles épreuves encadrées. 2

327 — Le relais dans la neige, — Le retard de la malle-poste. Pendants in-fol., par Himely, d'après Pollard. Marges. Encadrées. 2

328 — Le départ au galop, — Le cheval démonté. Petit in-fol. en couleur, par J. Darcis. Marges. 2

329 — Chasseur à l'affût, — Le retour de la course. Petit in-fol. en couleur, par Le Vachez. Marges. 2

330 — Incidents of the Steeple-Chase : Liverpool et Cheltenham, 1840. Pendants in-fol. en couleur, publ. à Londres. Encadrées. 2

331 — The Duke of Beaufort Coach starting from the Bull and Mouth, Regent's Circus. Gr. in-fol. en couleur, par Ch. Hunt, d'après W. Shayer. Londres, 1841. Encadrée.

332 — The Birth Day Team. In-fol. par Ch. Hunt. Coloriée. Texte au bas. Toute marge. Encadrée.

333 — The Edinburgh Express Coach. In fol. en couleur. Encadrée.

334 — The Liverpool Umpire. In-fol. en couleur, par G. Hunt, d'après J. Pollard. Encadrée.

335 — A Hero of the turf and his agent, — Lord Dashalong bent on driving. Jolies pièces par Dighton. Marges. 2

336 — The Flying Hôtel, — The Catholic Sovereign safety coach. Curieuses caricatures anglaises en couleur. 2

337 — **Vélocipèdes**. Vélocipèdes lancés dans le monde. Curieuse caricature de 1819. Très belle épreuve coloriée. Toute marge. Très rare.

338 — Johnson's Pedestrian Hobbyhorse Riding School (Vélodrome établi en 1819). En couleur, par Alken.

339 — The Hobby horse, 1819. (Petite planche). En couleur.

340 — Le même sujet (grande planche). En couleur.

341 — The Chancellors Hobby, or more Taxes for John Bull. In-fol., coloriée. Marge.

341 — The New long Back'd Hobby made to carry three without Kicking. In-fol., coloriée. Marge.

343 — Modern Pegasus, or Dandy Hobbies in full speed. In-fol., coloriée. Marge.

344 — The Epping Hunt, or Hobbies in an uproar. In-fol., coloriée. Sans marge.

345 — The Pedestrian Hobbies, or the Difference of going up and Down Hill. In-fol., coloriée. Marge.

346 — Hobbies or Attitude is every thing. In-fol., coloriée. Marge.

347 — Match against Time or Wood beats Blood and Bone. In-fol., coloriée. Marge.

348 — Every one on his Hobby (pl. nos 1 et 2). Pendants in-fol., coloriés. Marges. 2

349 — New Reading, or Shakespeare improved. In-fol., coloriée. Marge.

350 — The Parsons Hobby, or Comfort for a Welch curate. In-fol., coloriée. Sans marge.

351 — The Ladies Hobby. In-fol., coloriée. Marge.

352 — Going to the Races. In-fol., coloriée. Marge.

353 — Anti-Dandy Infantry triumphant, or the Velocipede Cavalry unhobby'd. In-fol., coloriée. Marge.

354 — The Dandy and his Postillion, or the Way to laugh up Hill. In-fol., coloriée. Marge.

355 — *Vélocipédiana.* La Vélocipédeuse, 1869, — La Vélocipédomanie, par Vallet ; etc. 14

356 — **Voitures à vapeur et chemins de fer.** March of Intellect, n° 1, 1828. In-fol., coloriée, publ. par Mc Lean. Sans marge.

357 — March of intellect, n° 2. Pendant du précédent. Sans marge.

358 — The March of Intellect. Très curieuse pièce in-fol., coloriée, publ. par G. Humphrey. Marge.

359 — Going it by Steam. In-fol., coloriée, par Shortshanks. Marge.

360 — Locomotion, n° 1. In-fol., coloriée, par Shortshanks. Marge.

361 — The New Steam Carriage, 1835. In-fol., en couleur. Gravé par Pyall, d'après G. Morton, et publ. par Mc Lean. Belle épreuve.

362 — La Voiture à vapeur aérienne, inventée par Henson et patentée en Angleterre, 1843. Lithogr. in-fol. Rare.

363 — La même voiture. Pièce publ. à Paris chez Quinet.

364 — Notions sur le chemin de fer. In-fol. par J.-B. Blasseau. Cette pièce représente *le premier chemin de fer européen*, d'Anvers à Cologne. Marge.

365 — Opening of the first English Rail-way between Stokton and Darlington, Sept. 27 th 1829, — Race of Locomotives at Rainhill, near Liverpool, in which George Stevenson's « Rocket » won, 1829, — A first class train on the Liverpool and Manchester Railway, 1833, — A second class train on the Liverpool and Manchester Railway, 1833. Estampes en couleur, en forme de frises, impr. sur la même feuille. Réimpr. sur japon.

366 — Locomotive et voitures employées sur le chemin de fer de Liverpool à Manchester, 1833. Petit in-fol. en couleur, par Pyall, d'après Bury. Toute marge.

367 — Locomotive engine « The Rocket », 1830, (grande planche), built by George Stephenson. In-fol., en couleur.

368 — *Divers.* Modèles de machines. Planches et texte. 8

STOTHARD (d'après J.)

369 — L'entrée à l'école, — La sortie de l'école. Pendants in-fol., gr. par Laindor de Toulouse. Marges. 2

STRANGE (Rob.)

369 *bis* — Vénus, — Danaé. D'après le Titien. Très belles épreuves avant toute lettre. 2

TAUNAY (d'après)

370 — Noce de village, par Descourtis. In-fol. Superbe épreuve, impr. en couleur, avec les armes. Marge.

TEMPESTA (A.)

371 — Cortège du Pape après son élection. Suite complète de planches en forme de frises. 7

TIEPOLO (J.-B. et J.-D.)

372 — Fuite en Egypte, — Caprices variés. Etc. In-4. 13

TRESCA

373 — La Danse Frascatane. In-fol., en couleur, d'après F. Pinelli. Très belle épreuve. Marge.

374 — Roman Nymphs, d'après Guttembrunn. In-fol. en bistre. Toute marge.

TURNER (C.)

375 — Mrs *Whitmore.* — Mrs ***, pendants in-fol., d'après T. Phillips. Très belles épreuves, impr. en couleur, sans marges. Encadrées. Cadres en bois sculpté. 2

376 — Madame *Malibran*, dans Othello. In-fol., à la manière noire, d'après Lequesne.

377 — Henri IV, roi de France, — Henri IV sur son lit de parade. In fol., à la manière noire. Grande marge. 2

VAN SOMPEL et VAN HULLEN

378 — Henri, comte de Nassau, — Ferdinand III, empereur des Romains. Portraits in-fol. dans des cadres ornementés. 2

VERNET (d'après C.)

379 — Les ennuyés chez eux. Intérieur du café Procope. In-fol., par Coqueret. Très belle épreuve, avant la lettre. Marge.

Les épreuves de cet état portent la signature de Debucourt au crayon.

380 — Fanchon la Vielleuse. In-fol. en couleur. Petite marge.

VERNET (H.)

381 — Mgr le Duc d'Orléans passant en revue le 1er Régiment de Hussards. Grand in-fol., par Jazet. Très belle épreuve à toute marge. Rare.

382 — Partie de l'Œuvre Lithographique d'Horace Vernet, en un portefeuille in-fol. 325

Cette importante collection contient des portraits, scènes historiques, illustrations d'ouvrages (*Henriade* av. l. l. sur chine, etc., etc.) Beaucoup d'épreuves sont *avant la lettre* ou en *états non décrits*. Toutes ces pièces sont en *parfait état*.

WARD (W.)

383 — A young lady encouraging the low comedian. D'après J. Northcote. In-fol., publ. à Londres, par J.-R. Smith, en 1787. Très belle épreuve à la manière noire.

WARD (d'après E. M.)

384 — The last sleep of Argyll. Très belle composition gravée par W.-T. Davey et publ. à Londres. Encadrée.

WATSON (C.)

385 — Miss *Jones*. In-8 à la manière noire. Belle épreuve.

WATSON (T.)

386 — The Confidants, or Le billet doux. D'après E. Martin. In-4 ovale. Très belle épreuve, en bistre.

387 — Les oies de frère Philippe, d'après Bunbury. In-fol., de forme ronde. Belle épreuve.

WATTEAU (Ant.)

388 — Figures de mode. Suite complète de sept estampes, dessinées et gravées à l'eau-forte par Watteau ; le titre gravé par Thomassin. Très belles épreuves. 8

WATTEAU (d'après)

389 — Figures françoises et comiques, nouvellement inventées par M. Watteau. Suite complète de six pièces et un titre gravées par Desplaces, Hecquet et Thomassin. Avec Privilège du Roy. 7

390 — L'Amour désarmé. Par B. Audran. In-fol. Très belle épreuve. Grande marge.

391 — Diane au bain. Par P. Aveline. In-fol. Très belle épreuve. Grande marge. Rare.

392 — Watteau debout dans un paysage, auprès de M. de Julienne, assis et jouant du violoncelle. Gravé par Tardieu. In-fol. Très belle épreuve avec marge.

393 — L'Amour mal accompagné. Par Dupin. In-fol. Belle épreuve.

394 — L'Enjôleur, — Le Vendangeur, — Bacchus, — Le Frileux. Suite complète, in-fol., par Aveline et Moyreau. Très belles épreuves. 4

395 — L'Eau, — L'Air, — La Terre, — Le Feu. Suite des quatre Eléments, gravée par Huquier. Très belles épreuves. 4

396 — Dessus de clavecin. Gravé d'après le dessein original inventé par Watteau. In-fol., par le Cte de Caylus. Très belle épreuve. Marge.

397 — Le Dénicheur de moineaux, — La Pélerine altérée. Pendants in-fol., gravés par Boucher et Huquier. Très belles épreuves, à grandes marges. 2

398 — La Balanceuse. Par Le Bas. In-fol. Très belle épreuve. Marge.

399 — La Voltigeuse. In-fol. Par Huquier. Très belle épreuve. Marge.

WHEATLEY (d'après F.)

400 — Lucy. Par Stanier. Ovale. In-fol. Publ. à Londres en 1788. Très belle épreuve. Rare.

401 — L'avis paternel (famille de Wheatley). Jolie pièce in-fol., gravée par L. Schiavonetti. Publ. à Londres en 1801. Très belle épreuve.

402 — **Cris de Londres**. A un sou mes deux poignées de primeroses. In-fol., par L. Schiavonetti, 1793. Très belle épreuve. Marge.

403 — Qui veut du lait, il est tout chaud. In-fol., par L. Schiavonetti, 1793. Très belle épreuve. Marge.

404 — Couteaux, Ciseaux, Rasoirs à repasser. In-fol., par G. Vendramini, 1795. Superbe épreuve.

405 — Cerises douces, cerises à la douce. In-fol., par A. Cardon, 1795. Très belle épreuve. Marge.

406 — Carottes et navets. In-fol., par J. Gaugain, 1797. Très belle épreuve. Petite marge.

WHITE (W.-J.)

407 — Heart's-ease. In-fol., à la manière noire, d'après Le Camus. Très belle épreuve. Toute marge.

WILLE (P.-A.)

408 — L'Essai du Corset, — Dédicace d'un poëme épique. Pendants in-fol., gravés par A.-F. Dennel. Très belles épreuves, avec toute leur marge 2

409 — Les Vieux amateurs. Par J.-J. de Claussin. In-fol. Belle épreuve en couleur.

WILLE et DREVET

410 — F.-L.-A. de Neufville, duc de *Villeroy*. D'après Chevalier, — Marie *Cadesne*, femme de M. Desjardins. D'après H. Rigaud. In-fol. Belles épreuves. 2

WILSON

411 — Miss Louisa *Williams*. In-fol. D'après Farrel. Joli portrait de femme, à la manière noire.

411 *bis* — Sous ce numéro, il sera vendu quelques portefeuilles d'estampes non cataloguées.

DESSINS

412 — **Bartolini** (A.). Types Italiens. 2

Superbes aquarelles faisant pendants. Signées.

413 — **Cornillo da V.** Vues d'Italie, de Naples et du Vésuve. (Éruptions de 1810 à 1830).

Aquarelles d'une grande fraîcheur. Importante réunion qui ne compte pas moins de *cinquante-neuf sujets* représentés sur quinze feuilles.

414 — Vues de Gibraltar et de Cadix, prises de différents points. 6

Jolies aquarelles de la même fraîcheur que les précédentes.

415 — **David** (Louis). Tête de femme couronnée de lauriers.

Dessin à la sanguine, daté du 13 avril 1790.

416 — **De Machy**. Ruines avec campement de soldats.

Joli dessin au lavis. Signé.

417 — **Devéria**. Les Enfants d'Edouard séparés de leur mère par le duc de Gloucester.

Dessin à la plume. Signé. Au dos une autre étude pour la même composition. Encadré.

418 — **Devéria**. Le médecin malgré lui. — La princesse d'Elide. Vignettes pour Molière. 2

Dessins à la sépia. Signés et datés : 1825.

419 — **Devéria**. Marion de Lorme. — Jeunes filles chantant et pinçant de la harpe. 2

Dessins à la sépia Le second est lavé d'aquarelle et rehaussé d'or.

420 — **Dupré** (E.). Travestis. 5

Aquarelles.

421 — **Jeaurat.** Etudes de jeunes garçons, à mi-corps, dans l'attitude du salut. 2

Jolis dessins à la pierre de couleur.

422 — **Lévis** et **S. Wilkinson.** Vue d'Italie. — Une rue à Tolède. 2

Aquarelles. Signées et datées.

423 — **Massard, Girardet, Sandoz** et **Trimolet.** Dessins à la mine de plomb des tableaux de la Galerie de Versailles, ayant servi à la publication de Gavard.

Importante réunion de quinze portraits :

Massard. Saint Louis (2 différents). — Louis XI. — Richard Cœur de Lion.

Girardet. Général Aubert du Bayet. — La Valette d'Epernon † 1642. — Cardinal de Tencin. — Marguerite de Provence. — Blanche de Castille.

Sandoz. Gaspard de Clermont Tonnerre † 1781. — Maréchal de Créquy † 1638. — Lesdiguières † 1626. — R. de Lenoncourt, archevêque d'Embrun † 1561.

Trimolet. Fr. de Créqui † 1687. — Maréchal de Tallard † 1728.

424 — **Mauroy** (E.). Dessin de l'Affiche pour le Bazar des Halles et Postes. Grand in-folio.

Aquarelle. Signée.

425 — **Miniatures.** Costumes d'hommes et de femmes de Nuremberg. 20

Miniatures très fines, sur parchemin, dans le goût de Hollar.

426 — **Miniatures.** Rajahs et dieux de l'Inde. Costumes d'hommes, de femmes, de guerriers, etc. 27

Réunion fort curieuse de miniatures hindoues d'une grande finesse, avec rehauts d'or.

427 — **Mondon.** Le Roy donne la Paix à la France, sous les auspices de Thémis, ayant à sa suite l'Abondance et les Beaux-Arts.

Beau dessin à la plume et au lavis d'encre de Chine. Signé. Encadré.

428 — **Pinelli.** Course des « Barberi », à Rome. 2

Aquarelles faisant pendants. Signées et datées : 1831. Ont été gravées.

429 — **Sauerweid.** Vue de Paris (prise de Grenelle).

Dessin, in-folio, à la sépia. A été gravé. Œuvre importante d'une finesse remarquable.

430 — Sous ce numéro, il sera vendu quelques **lots** de dessins et aquarelles non catalogués.

Tableaux et Peintures.

Seront vendus le Mardi 2 février, à 4 heures.

ADAM (Hippolyte Benjamin)

Élève de Paul Delaroche, 1808-1853.

1 — 1° Les Reîtres (Chronique de 1572).

2° La Procession de la Ligue. *Toiles.* 36×53.

Ces deux belles peintures font pendants et ont été exposées au Salon vers 1833. La première est signée H. A.-Hippolyte Bellangé les a reproduites en lithographies.

COUDER

2 — Louis Philippe 1er, Roi des Français. En buste. *Toile. Signée.* 81×73.

CORTEZ (A.)

3 — 1° Vaches au pâturage.

2° Vaches à l'abreuvoir. *Toiles. Signées.* 80×65.

DAUBIGNY

4 — Le Bord de l'eau, le soir. *Bois. Signé.* 18×33.

DE DREUX *(Alfred)*

5 — Amazone franchissant un obstacle. *Toile. Signée.* 25×32.

DELAROCHE (Paul)

6 — Marie Stuart en prière. *Toile. Signée.* 33×24.

FRANÇAIS

7 — Crépuscule. *Bois.* 12×24.

HORNER (John)

8 — Un Combat de Cavalerie (Autrichiens et Bavarois). *Toile. Signée.* 53×75.

LEDIEU (A.)

9 — Vue d'un village ; au premier plan une pièce d'eau. *Bois. Signé.* 31×43.

LEPOITEVIN.

10 — Vue de la ville d'Angoulême. *Bois.* 28×43.

PRUD'HON (Pierre)

11 — Portrait de Lœtitia Bonaparte, mère de Napoléon Ier. Elle est représentée assise, et vue jusqu'aux genoux. *Toile, sous verre.* 78×64.

ROSLIN (Alexandre.)

12 Marie-Christine, Archiduchesse d'Autriche, duchesse de Saxe-Teschen, sœur de Marie-Antoinette, gouvernante générale des Pays-Bas. *Toile.* 116×95.

La princesse est représentée assise et vêtue d'une riche robe violette avec dentelles. Elle a une haute coiffure poudrée et tient un éventail des deux mains. Ce superbe portrait a été gravé en 1782 par Bartolozzi.

SCHAFER (H.)

13 — Le marché Catherine, à Rouen, avec une vue de la Cathédrale. *Toile. Signée.* 29×18.

VERNET (Joseph.)

14 — Pêcheurs débarquant leur poisson. *Toile.* 37×46.

WEICKERT ou WEICHART (Jean-Georges)

15 — Portrait de Mathias Haydn, le forgeron harpiste, qui fut le père de l'immortel François-Joseph Haydn. *Toile. Signée : Weickert pinx.* 92×73.

Mathias Haydn est représenté, dans cette belle peinture, assis et pinçant de la harpe.

16 — Sous ce numéro, il sera vendu quelques tableaux et peintures que le temps n'a pas permis de cataloguer.

Grande Imprimerie du Centre. — Herbin, à Montluçon.

www.ingramcontent.com/pod-product-compliance
Ingram Content Group UK Ltd.
Pitfield, Milton Keynes, MK11 3LW, UK
UKHW020344180726
13839UKWH00002B/914

9 782329 535784